L'INDUSTRIE

LITTÉRAIRE ET SCIENTIFIQUE

LIGUÉE AVEC

L'INDUSTRIE

COMMERCIALE ET MANUFACTURIÈRE.

L'INDUSTRIE

LITTÉRAIRE ET SCIENTIFIQUE

LIGUÉE AVEC

L'INDUSTRIE .

COMMERCIALE ET MANUFACTURIÈRE,

OU

Opinions sur les Finances, la Politique, la Morale et la Philosophie, dans l'intérêt de tous les hommes livrés à des travaux utiles et indépendans.

TOME PREMIER.

SECONDE PARTIE.

POLITIQUE.

PAR A. THIERRY,
Fils adoptif de H. SAINT-SIMON.

———

A PARIS,

CHEZ DELAUNAY, LIBRAIRE AU PALAIS ROYAL.

1817.

SECONDE PARTIE.

POLITIQUE.

DES NATIONS ET DE LEURS RAPPORTS MUTUELS : CE QUE CES RAPPORTS ONT ÉTÉ AUX DIVERSES ÉPOQUES DE LA CIVILISATION ; CE QU'ILS SONT AUJOURD'HUI ; QUELS PRINCIPES DE CONDUITE EN DÉRIVENT (1).

CHAPITRE Ier.

Ce que c'est qu'une Nation.

Il y a des animaux qu'un penchant naturel porte à vivre en troupes ; l'homme est de ce

---

(1) Nous croyons que la politique, autrefois la propriété des cabinets, appartient maintenant aux nations ; qu'aujourd'hui, les nations agissent. Nous croyons que

nombre. On le voit suivre sans réflexion, sans calcul, et par instinct, la foule de ses semblables, se lier à leur fortune, s'engager dans leurs intérêts, leurs passions, leurs projets, leurs querelles. Dans tous les temps, dans tous les lieux, dans tous les états, agissant ou en repos, errant ou fixé, l'homme se montre toujours uni à d'autres hommes.

On ne peut savoir aujourd'hui quel étoit ce penchant, quand il agit pour la première fois; toujours sait-on quel est dans l'homme habitué à la vie sociale, le besoin de la compagnie d'autrui. La tristesse accompagne la solitude, et la joie le commerce des hommes : l'enfant crie

---

l'opinion publique, dont on menaçoit les souverains, comme d'une puissance de réaction, est désormais la force active ; qu'elle ne contrôle plus seulement, qu'elle commande ; qu'elle ne règle plus seulement l'impulsion donnée, qu'elle donne elle-même l'impulsion.

Nous croyons donc qu'un écrivain qui veut être utile, n'a plus à s'adresser aux princes, mais aux nations; que sa tâche n'est plus de faire entendre aux conducteurs des peuples comment ils doivent conduire les peuples, mais aux peuples quelle pourroit être leur conduite.

lorsqu'on le quitte ; Philoctète abandonné pleure.

Toutefois, il y a loin encore de cet instinct de la sociabilité, de cet amour de la compagnie, à l'association, à la société : société, c'est ligue. Lorsque l'homme se rapproche d'un autre homme par instinct, il est passif, il obéit ; lorsque l'homme se ligue avec un autre homme, il est actif, il veut : il n'y a point de coalition, point de société sans un objet.

Si l'objet est passager, la société est momentanée ; si l'objet est durable, la société est constante.

Des hommes se trouvent rapprochés par hasard ; ils ne sont point associés, ils ne forment point société : un intérêt commun se produit, et la société est formée ; l'intérêt cesse d'exister, et la société est dissoute. Cet intérêt, principe de la société, c'est un danger qui menace, un besoin qui se fait sentir, une passion qui gagne.

C'est ainsi que la société, parmi les peuples chasseurs, commence et finit avec la chasse :

telle étoit la société guerrière qui combattoit devant Troie ; le siége de Troie en étoit l'objet, il en étoit le lien ; la ville détruite, chacun revient à l'isolement, ou s'engage dans une autre société, créée par une autre entreprise. Telles étoient les sociétés offensives ou défensives qu'on a vues, dans tous les temps, se former et se détruire, selon l'intérêt ou la passion du moment.

Société, *nation*, sont des mots synonymes dans tous les livres des politiques ; une *nation*, c'est donc une ligue, c'est donc une portion de l'espèce humaine unie pour la poursuite d'un même objet, et par la volonté de le poursuivre.

Ce qu'on a appelé l'esprit national, ce n'est en effet que la volonté individuelle qui imprime à chacun son mouvement propre, dans le sens du mouvement commun. On peut définir l'esprit social, l'esprit national, le patriotisme (car tout cela est une même chose), par ces deux mots : *idem velle atque idem nolle* (1).

---

(1) *Mêmes désirs, même aversion.*

SALLUSTE, Catilina.

C'étoit une *nation* que le peuple de guerriers, qui, par des efforts communs, défendit sa liberté contre les Perses ; et cette *nation* c'étoient tous les Grecs. C'étoit une *nation* que le peuple de marchands, qui, dans le treizième siècle, maintenoit de concert son indépendance contre l'Empire germanique ; et c'étoit l'Italie presque entière. C'étoit aussi une *nation* que le peuple de dévots qui se jetoit sur l'Afrique pour rendre aux Sarrasins tout le mal qu'il en avoit reçu ; et cette *nation*, c'étoit l'Europe.

Pourquoi ces *nations* n'ont-elles pas longtemps duré ? Pourquoi se sont-elles promptement dissoutes et divisées en d'autres nations partielles ? C'est que l'objet n'a point subsisté ; c'est que les Perses ont été défaits, les empereurs repoussés, les Sarrasins dégoûtés de leurs conquêtes.

Tout homme est enrôlé dans un parti, tout homme est d'une *nation*. Celui qui se dit concitoyen de tous les hommes, n'est, à vrai dire, que le concitoyen de tous les hommes pensant comme lui. Il n'y a qu'une *nation* au monde, dont un cosmopolite soit membre, la *nation* des cosmopolites.

Ralliés que nous sommes autour de certains intérêts qui nous sont communs avec une portion de nos semblables, et qui, par cela même, nous semblent grands et importans, notre attention, fortement sollicitée par ces objets, traverse rapidement tout le détail des intérêts privés, trop imperceptibles alors pour la distraire. Des intérêts éloignés qui nous touchent en commun avec d'autres hommes, font taire devant eux des intérêts présens qui ne sont propres qu'à nous seuls, et c'est par l'impuissance où nous sommes d'y pourvoir, ou même de les sentir à la fois. Notre foiblesse commande un sacrifice; pour quiconque a porté d'abord sa vue hors de lui, le choix n'est jamais douteux.

On a fait du patriotisme une vertu pénible; mais le patriotisme est un fait pour l'homme en société, en entendant par ce mot l'homme associé par sa volonté libre, l'homme ligué avec des hommes de son choix. Le soin du bien-être national, l'enthousiasme de la passion nationale, font oublier au citoyen ses affections privées, son bien-être, sa vie : celui qui usoit toute son attention à contempler les astres au ciel, n'en avoit plus pour observer le sol où il plaçoit les pieds.

Partout où il y a *nation*, il y a, par cela seul, patriotisme. On trouve des multitudes d'hommes rassemblés où l'on ne voit point de patriotisme ; c'est une preuve que ces multitudes ne sont point des *nations*.

Toutefois, le progrès des idées humaines tendant à donner plus d'assurance et plus de calme aux jugemens des hommes dans la recherche de leurs intérêts, les besoins nationaux, de jour en jour mieux sentis, doivent devenir par degrés moins ennemis des intérêts individuels. L'objet des associations humaines a été long temps quelque chose d'idéal, de vague, de métaphysique ; on le voit insensiblement s'approcher de sa véritable nature, qui est le bien de chacun.

A mesure que la civilisation simplifie les intérêts sociaux, elle les étend sur un plus grand nombre d'hommes, elle agrandit les sociétés. Le jour que tout le genre humain sera convaincu que le seul but de l'union sociale, que le seul objet des hommes rassemblés est le plus grand bonheur de chacun en particulier, ce jour-là, il n'y aura qu'une *nation*, et cette *nation*, ce sera tout le genre humain.

Nous sommes encore bien loin de ce jour. Même dans l'Europe civilisée, les objets des Etats sont loin d'être réduits aux simples objets de la nature humaine, la liberté, et l'aisance de la vie. On croit que le corps social a des besoins extraordinaires ; on travaille sur lui de mille manières pour obtenir des résultats qui répondent à ces besoins qu'on lui suppose; il se trouve que le besoin n'existant pas, le résultat est inutile: tout l'effort est en pure perte; on l'épuise pour le soutenir à force d'art, tandis que, pour prospérer, il ne veut qu'être laissé à lui-même.

Ces intérêts imaginaires multiplient les sociétés : il se crée divers points de ralliement, selon les fantaisies diverses, d'après lesquelles on peut juger des besoins généraux des hommes. Ceux qui croient à ces chimères s'y rallient, ils s'en font des centres d'action, et ils se portent vers de faux objets avec la même opiniâtreté que les sages tendent vers l'objet véritable (1). Il est souvent aussi impossible de faire préférer à un ignorant malade le médecin au charlatan, qu'à un homme de sens et de savoir le charlatan au médecin.

Nation, avons-nous dit, c'est ligue; ligue c'est union d'efforts. Partout où il se trouve un objet où des hommes tendent de concert, là, et là seulement, il y a une *nation*.

Si donc nous voulons savoir quelles sont en Europe les *nations*, jetons hardiment les yeux au loin, sans nous laisser arrêter ou distraire par les inégalités du sol, par les différences du langage, du gouvernement, de l'habit, des

---

(1) L'habitude de telle ou telle manière d'être fait bientôt qu'on ne conçoit plus qu'il soit possible d'être autrement. L'habitude d'agir pour un certain but, mène à ne pouvoir plus imaginer d'autre but que celui-là. Après la capitulation d'Yorck, un soldat écossois disoit à un soldat françois, en lui montrant quelques Américains : « Voilà de bien sottes gens! Nous nous battons pour notre roi, nous autres, et vous pour le vôtre; mais eux, pour qui, diable! se battent-ils ? » (*Lettres d'un cultivateur américain*, tom. III.)

manières; et partout où nous verrons des hommes pensant et voulant de même, à l'égard de ce qu'ils croient être leurs plus chers intérêts, disons, sans craindre de nous tromper : Ces hommes s'entendent, ils sont unis, ils sont actifs dans des vues communes; ici il y a une *nation*.

C'est une chose commode pour la géographie que les divisions de territoire fermées par des limites remarquables ; mais c'est tomber dans un abus de mots que de donner, sans examen, le nom de *nation* au nombre de peuple contenu entre deux mers, deux rivières, deux chaînes de montagnes. Tel prince qui dit : « La *Nation* à qui je commande... », bâtit souvent d'une seule parole un édifice que toute sa puissance ne sauroit élever là où les bases n'en sont point posées, une société. On n'associe les hommes que lorsqu'ils consentent : il faudroit au préalable avoir vérifié le consentement.

Voit-on dans les villes les mêmes partis, les mêmes coteries, toujours renfermés dans les mêmes quartiers, entre les mêmes rues ? Les intérêts qui ameutent les factions ne planent-

ils pas au‑dessus de la population tout en‑
tière ? ne la séparent‑ils pas lorsqu'elle est
rapprochée, ne l'unissent‑ils pas lorsqu'elle est
séparée? Les *nations* sont des partis. Tel homme
vivant où il est né, a ses concitoyens loin de
lui, et les étrangers à sa porte.

Les *nations* se forment d'elles‑mêmes, se dé‑
truisent d'elles‑mêmes, se maintiennent d'elles‑
mêmes. La guerre et la diplomatie ont beau
faire, ce qu'elles divisent reste uni, ce qu'elles
unissent reste divisé : leur action ne change
point les choses ; elle trouble seulement, et
pour un temps. La diplomatie opère, et les
nations subsistent ; la diplomatie passera, et les
nations resteront.

Qui sait de quelle *nation* sont les hommes,
qu'eux‑mêmes? Eux seuls doivent être crus sur
le parti auquel ils appartiennent. Un Anglois
n'est pas de la même *nation* qu'un Russe : mais
ce n'est pas parce que l'Angleterre est à un
bout de l'Europe et la Russie à l'autre; ce n'est
pas parce que le souverain de l'Angleterre est
George, et celui de la Russie Alexandre; c'est
pour d'autres raisons que celles‑là ; car tel
Anglois pourroit bien aussi se dire étranger de
nation avec tel autre habitant de l'Angleterre.

CHAPITRE II.

De l'idée attachée au mot d'*Étranger*.

———

Il y a des peuples auxquels le mot d'*étranger* ne rappelle qu'une idée, celle d'une proie à *manger* (1). Tout le genre humain a passé par ce premier état de barbarie.

Pour d'autres peuples, un *étranger*, c'est un homme qu'on maltraite, qu'on dépouille, qu'on tue sans scrupule. Cette coutume règne encore aujourd'hui sur les trois quarts du monde habité. C'est le second état de la barbarie humaine.

———

(1) . . . . qui pectora, brachia, vultum
Crediderint genus esse *cibi*.

JUVÉNAL, sat. XV.

Voler les troupeaux, enlever les femmes de ses voisins, détrousser les voyageurs, c'étoit, dans les temps héroïques de la Grèce, l'occupation la plus noble de tout homme puissant et courageux (1).

Chez un grand nombre d'anciennes peuplades, il étoit selon le droit qu'un *étranger* fût tué. Dans la langue romaine, le même mot répondit long-temps aux deux idées d'ennemi et d'*étranger* (2).

Il est assez curieux de voir la morale des Tartares rédigée en droit des gens par les jurisconsultes de Rome : « Les peuples, dit Pompo-
» nius, avec lesquels nous n'avons ni amitié ni
» alliance, ne sont point nos *ennemis*. Cepen-
» dant, si une chose qui nous appartient tombe
» entre leurs mains, ils en sont propriétaires ;
» les hommes libres deviennent leurs esclaves ;

---

(1) Latrocinia nullam habent infamiam, quœ extrà fines cujusque civitatis fiunt, atque hæc juventutis exercendæ causâ fieri prædicant. (Césaɴ, livre VI, *Mœurs des Gaulois.*)

(2) *Hostis.* (Cicéɴoɴ.)

1.   2ᵉ *Partie.*   2

» et ils sont dans les mêmes termes à notre
» égard (1). »

Selon les coutumes gothiques ou féodales, au premier pas qu'on faisoit sur les terres d'un seigneur *étranger*, on devenoit son esclave ; et il ne falloit pas voyager loin pour cela. Au temps de l'invasion des Normands, les habitans des provinces maritimes de France s'enfuirent dans l'intérieur du royaume pour échapper à ces pirates ; ils fuyoient le pillage et la servitude, partout ils les rencontrèrent ; les seigneurs n'étoient pas plus humains que les Normands (2).

Peu à peu ces dispositions hostiles envers les *étrangers* ont cessé d'être regardées comme conformes à la raison et à la justice ; les lois en ont été purgées. Le préjugé de haine des nations, pour tout ce qui n'étoit pas elles, est descendu des classes élevées dans les classes inférieures ; on a trouvé qu'il étoit digne de la populace seule d'insulter un *étranger* ; le temps viendra où la populace elle-même trouvera cela indigne d'elle.

____

(1) *Esprit des Lois*, liv. **XXI**, chap. **XIV**.

(2) Robertson , *Introduction à l'Hist. de Charles V*, note xxiv.

La route de la civilisation est une route étroite. Tous les hommes n'y marchent point de front; ils se suivent, ils vont à la file. Il y a toujours des premiers et des derniers. La colonne s'avance tout entière; mais, à chaque nouveau pas qu'elle fait, le premier rang seul se trouve en avant du chemin battu; la place qu'il quitte est occupée par le second, qui cède la sienne au troisième, et ainsi jusqu'à la dernière place, qui demeure vide, et qui doit le demeurer toujours.

Aussi, chaque âge de l'espèce humaine offre des traces des âges précédens. Selon le cours ordinaire des choses, il n'y a guère dans un siècle que la tête du genre humain qui se conduise d'après les lumières du siècle; le vulgaire conserve pour règle la science des siècles antérieurs, et encore y a-t-il des rangs dans le vulgaire et des degrés de cette science qui leur correspondent.

Il y a eu, dans la science religieuse, trois degrés qui en ont marqué le progrès: l'idolâtrie, le polythéisme et le théisme. Lorsque le genre humain pensant, c'est-à-dire la moindre partie du genre humain, a passé de l'idée de causes matérielles à l'idée de causes intelligentes, le vulgaire est resté où il étoit, il a gardé l'idolâ-trie ; et le Jupiter qu'on venoit de placer au ciel est demeuré pour lui fixé dans son temple. Quand, plus tard, dans les têtes pensantes, l'idée d'une cause unique intelligente, d'un seul Dieu, a chassé l'idée de plusieurs dieux, les deux autres croyances, successivement aban-données des sages, se sont partagé le vulgaire ; elles se le partagent encore. Tandis qu'un chrétien s'adresse au seul Dieu, un autre chré-tien invoque les dieux inférieurs, les anges, les bienheureux ; un troisième porte ses dieux dans sa poche.

Il en est de même pour toutes les sortes d'o-pinions ; l'impression que réveille aujourd'hui le mot d'*étranger* dans les hommes est bien di-verse, selon la condition de chacun.

Pour celui qui a eu part aux derniers progrès de la raison humaine, pour celui qui est à la hauteur du siècle, pour l'homme philosophe, tout homme éclairé est un associé de travail ; c'est un membre de la même société que lui, un homme dont les efforts concourent avec les siens, et vers un but commun, le bien-être et la liberté de tous les hommes.

Aux yeux de l'homme du monde, qui va moins avant dans les choses, qui ne s'arrête guère qu'à l'agréable et aime surtout les jouissances de la vie, un *étranger* poli est un hôte aimable, qu'un jour, peut-être, il sera heureux de rencontrer. Comme il cherche, avant tout, l'aisance, il voudroit qu'elle fût partout, pour être sûr de la trouver partout ; la facilité du commerce, les grâces de l'esprit, les commodités du luxe, sont des fruits qu'il aimeroit à voir croître au loin autour de lui, parce qu'il sait bien que lui-même auroit part au profit de cette culture. Rien ne le fatigue autant que la grossièreté et la misère ; ses vœux seroient que tous les hommes fussent riches et aimables. Il prodigue à l'*étranger* cette politesse délicate et attentive, qu'il pourra recevoir de lui à son tour. Il ne le distingue de ses compatriotes qu'en lui témoignant plus d'égards.

Pour le peuple (1), c'est tout autre chose. Un *étranger* est d'abord un méchant homme : voilà le sentiment. Puis, c'est un homme qui a intérêt à nuire, et à qui il faut nuire pour

____

(1) Le *peuple* ici, c'est la *classe commune*, vulgus.

se préserver; c'est un homme qui veut nous vendre ses marchandises sans acheter les nôtres, et par là nous épuiser d'*argent*. C'est un homme dont il faut ruiner l'industrie pour qu'il n'ait plus rien à vendre et tout acheter, et qu'alors ce soit nous à notre tour qui l'épuisions d'*argent*. Voilà le raisonnement.

Quant au sentiment et à la raison, le peuple est là-dessus, comme on voit, à peu près au point où étoient, il y a plus de deux mille ans, les jurisconsultes romains.

Le peuple vit en commun avec les honnêtes gens (1), dans les mêmes murs et sous les mêmes lois; le peuple fait nombre dans la population; mais fait-il nombre dans la nation? la nation, n'est-ce pas ceux qui pensent, qui jugent, qui sentent d'accord avec l'intérêt public? Le peuple fait bande à part tant qu'il reste peuple; tant que sa voix est contre la

---

(1) C'est-à-dire ceux qui pensent, ceux qui pensent par eux-mêmes, ceux dont la raison n'est point hébétée par l'ignorance, ni faussée par le contact, par la vue du pouvoir.

raison acquise, sa voix est nulle. Pourtant, si l'on regarde la conduite de la politique, il y a encore bien des États où c'est la voix du peuple qui décide.

———

raison acquise, sa voix est nulle. Pourtant, si l'on regarde la conduite de la politique, il y a encore bien des États où c'est la voix du peuple qui décide.

CHAPITRE III.

De l'objet des Nations.

L'HOMME, dans l'état sauvage ou primitif, a beaucoup à démêler avec les hommes et peu avec les choses. Aussitôt qu'il sent le besoin, l'idée d'un homme s'offre à lui ; c'est un compagnon ou un concurrent, c'est un ami ou un ennemi. Car, lorsqu'il est difficile d'acquérir, il y a besoin d'efforts réunis, et lorsqu'il y a peu à obtenir en comparaison des besoins, il y a toujours trop de prétendans. Les premières impressions du sauvage, celles qui entrent le plus avant dans son âme, parce qu'elles sont liées à toutes les autres, ce sont l'affection et la haine.

Ces sentimens, éprouvés par instinct, sont retenus et fortifiés par l'habitude ; ils se portent souvent jusqu'au dernier degré de l'enthousiasme , jusqu'à l'oubli de tout intérêt , même de la conservation personnelle. La haine a ses dévouemens comme l'amitié ; tout ce qui appartenoit à l'ennemi est détruit, au lieu d'être enlevé ; les prisonniers sont massacrés, au lieu d'être faits esclaves ; et quelquefois, le vainqueur meurt épuisé de faim et de fatigue, sur des cendres et des cadavres.

Dans un état plus avancé, avec une plus grande capacité d'observation et de jugement, l'homme se met plus en relation avec les choses, et, à mesure qu'il fait plus d'attention à elles, il sent moins et calcule davantage. Ses communications avec les hommes deviennent moins brusques, moins irréfléchies ; il les subordonne à des résultats personnels, il songe à se faire des instrumens de ceux dans lesquels il n'auroit vu d'abord que des appuis ou des obstacles.

La première tendance à l'opposition et à l'hostilité se conserve encore, mais l'intérêt la modifie. Le vainqueur sait se contenir ; il fait trêve à ses ravages, il épargne les fruits de la terre, il réserve l'esclave qui l'exploitera pour lui; il s'entoure, autant qu'il peut, de machines à nourrir l'homme. Pour lui, il combat encore par le besoin d'agir, par le besoin de posséder davantage, et il se repose (1).

Le premier mobile de la conduite d'une nation à l'égard des autres, ce fut la haine furieuse, aveugle, désintéressée; le second, ce fut le plaisir et l'intérêt du despotisme.

C'est dans ce dernier état qu'on a trouvé les peuplades sauvages de l'Amérique.

C'est ainsi que Tacite nous dépeint les Germains.

Tel étoit, avec plus d'art, de moyens, de

____

(1) Quoties bella non ineunt, non multùm venatibus, plus per otium transigunt , dediti somno ciboque. (TACITE , *Mœurs des Germains.*)

FLORUS dit la même chose des anciens Gaulois.

Toujours placé entre la ruine et la conquête, l'homme barbare donne au repos tous les momens de relâche. Il ne peut s'abaisser aux objets de l'industrie ni à un travail mécanique. Cet animal de proie est un dormeur : le guerrier se livre au sommeil, tandis que les femmes ou des esclaves lui préparent son repas. (FERGUSSON, *Essai sur l'histoire de la société civile,* 2ᵉ partie.)

civilisation , l'esprit national des républiques de l'antiquité.

Les idées de gloire et de grandeur dans le despotisme (1), étoient le mobile des États de la Grèce. Conquérir le monde pour la gloire de le vaincre, pour l'intérêt de l'exploiter, c'étoit l'objet de la ville de Rome.

Peu à peu vinrent les lumières; à la suite des lumières, les besoins; à la suite des besoins. l'industrie. L'industrie, calme et patiente, amortit cette chaleur de sang qui poussoit les hommes sans cesse au dehors; la vie se porta au dedans ; pour produire une grande action sur les choses, ce fut sur soi-même qu'on agit.

Le caractère des peuples de l'antiquité étoit essentiellement militaire (2). Ce qu'il y avoit de travail paisible étoit rejeté hors de la nation et abandonné aux esclaves. La grande industrie, c'étoit la guerre; avec l'épée on produi-

---

(1) *Maximam gloriam in maximo imperio.* (SALLUSTE, *Catilina.*)

(2) Il faut regarder les Grecs , dit Montesquieu,

soit, par l'épée se grossissoient les richesses de l'État et des particuliers.

Cet ordre de choses devoit finir avec l'état moral qui l'avoit produit et qui le maintenoit; un autre devoit lui succéder, conforme à cette direction intérieure, qui remplaçoit dans l'homme son ancienne tendance à se jeter hors de lui. La révolution se fit dans le douzieme siècle.

Par l'affranchissement général des communes dans toute l'Europe, l'industrie paisible, qui, chez les anciens, étoit hors de l'É-

---

comme une société d'athlètes et de combattans. (*Esprit des lois*, liv. IV, chap. VIII.)

Ce caractère est aussi celui de toute société grossière et indépendante.

Vita omnis in studiis militaris rei consistit. (César, liv. VI, *Mœurs des Gaulois.*)

« Je suis un guerrier, et non pas un marchand », répondit un Américain au gouverneur du Canada, qui lui proposoit des marchandises en échange de quelques prisonniers qu'il avoit faits. (Fergusson, *Essai sur l'histoire de la société civile*, liv. III.)

tat (1), entra dans l'État, et en devint une partie active, de passive qu'elle étoit d'abord.

A cet événement se rattache à la fois l'époque

---

(1) Xénophon doute que le commerce soit d'aucun avantage à l'Etat. (HIERON.)

Platon l'exclut entièrement de sa république. (*Lois*, liv. IV.)

Aristote veut que les artisans et les laboureurs soient esclaves.

Romulus ne permit que deux sortes d'exercices aux gens libres, la guerre et l'agriculture (et c'est le seul législateur de l'antiquité qui ait toléré cette dernière profession'). Les marchands, les ouvriers, ceux qui tenoient une maison à louage, les cabaretiers, n'étoient pas du nombre des citoyens. (DENYS d'Halicarnasse, cité par Montesquieu.)

L'*Ecclésiastique*, après avoir passé en revue tous les genres d'arts et de métiers, et ceux qui les exercent, l'écrivain, le laboureur, le berger, l'architecte, le sculpteur, le peintre, le forgeron, le potier, poursuit ainsi :

SINE HIS OMNIBUS NON ÆDIFICATUR CIVITAS, SED IN ECCLESIAM NON TRANSILIENT.

Ils ne franchiront point les barrières qui les séparent de l'État. (*Ecclésiastique*, chap. XXXVIII.)

de la liberté des services (1) et l'époque de la paix, devenue un objet de la politique (2) ; deux changemens, d'où sont venues en Europe toutes les révolutions passées, et d'où sortiront toutes celles qui sont encore à naître.

« Dans les siècles grossiers, dit Fergusson,
» le commerçant est borné dans ses vues,

---

(1) Chez les peuples anciens, toute profession qui mettoit un homme dans des rapports de service à le gard de l'État, le rendoit libre ; toute profession qui le mettoit dans ces rapports à l'égard d'un autre homme, le rendoit par force dépendant de celui-ci. Ainsi, l'industrie publique donnoit la liberté, l'industrie privée l'esclavage.

Chez les peuples modernes, les choses tendent à ce que toute industrie soit libre, à ce que nulle profession de la vie privée n'implique aucune espèce de dépendance forcée.

(2) La paix n'étoit, pour les anciens, qu'un temps d'inaction et de préparation à la guerre : ils faisoient la paix dans la vue de réparer, de recueillir leurs forces pour une nouvelle guerre, et jamais la guerre dans la vue d'obtenir une longue paix.

La guerre de vingt-cinq ans, qui vient de se terminer, n'a pu être soutenue qu'en persuadant aux peuples que la paix en étoit l'objet, que, sans elle, la paix étoit impossible. Voilà l'esprit des nations modernes.

» trompeur, avide, mercenaire ; mais, à me-
» sure que son art avance et fait des progrès,
» ses vues s'étendent, ses principes se fixent ;
» il devient exact, intègre, libéral. Dans les
» temps de corruption, lui seul a toutes les
» vertus, l'État trouve en lui le plus éclairé
» et le plus respectable de ses membres (1). »

Voilà l'histoire des nations européennes depuis la naissance de l'industrie parmi elles.

D'abord, la petitesse des vues et des combi-
naisons, rendant les peuples timides, ils virent
partout des concurrens, et toujours leurs concurrens comme des obstacles. L'intérêt jaloux
crut que s'en défaire ou les éluder, ce seroit
réussir. Il y eut de grandes querelles pour de
petits motifs, de l'astuce, des intrigues, rien
de franc, rien d'ouvert, rien de noble, parce
qu'il n'y avoit rien de grand.

C'est là le tableau que présentent depuis
cinq siècles les relations des peuples entre eux.

____

(1) Fergusson, *Essai sur l'histoire de la société ci-*
vile, IIIe part., chap. IV.

L'intérêt sans lumières donna naissance à une sorte de politique tortueuse, basse, fausse dans ses principes, funeste dans ses résultats, dont la première maxime étoit : Nuis, et tu prospéreras. Machiavel n'a point créé la doctrine qui porte son nom, il n'a fait que réduire en système ce qu'il voyoit pratiquer.

La politique de Louis XI, de Ferdinand le catholique, de Charles V, est devenue, après eux, l'héritage de bien des princes et même de bien des nations, qui s'imaginoient de bonne foi que ce qui avoit réussi à quelques-uns par des causes particulières, étoit d'un succès infaillible pour tous. Par trop s'occuper de brouiller les affaires d'autrui, on perdoit de vue les siennes. Les bras qui détruisoient chez l'étranger, ne produisoient pas au-dedans. L'argent qu'on jetoit à l'ennemi avec chaque boulet de canon, ne revenoit pas donner de la vie à l'industrie nationale. Pour appauvrir les autres, on s'appauvrissoit soi-même ; on devenoit formidable, et malheureux.

L'industrie étendue, l'industrie éclairée, est essentiellement morale. « A la Chine, où le » vol, la fraude et la corruption règnent

» dans toutes les classes du peuple, on trouve,
» chez le gros négociant, de la bonne foi et
» de l'honneur. C'est que, tandis que les autres
» n'ont pour règle de conduite qu'une po-
» lice faite pour des brigands, lui, il puise ses
» principes dans la *raison de commerce*, dans
» les maximes de l'humanité (1). »

Les nations ont été d'abord des soldats se
battant loyalement, et barbares avec noblesse ;
puis elles sont devenues de petits marchands
occupés à se disputer des places pour leurs petites boutiques, au lieu de songer à les gar-
nir, et volant leurs pratiques pour avoir plus
à leur vendre : elles sont aujourd'hui de riches négocians, ayant de vastes comptoirs, de
nombreux ateliers, de grands capitaux accumulés ; ce nouvel état est bien différent de
l'autre, mais les mœurs qu'il commande sont
aussi bien différentes. Les nations tiendront-
elles maintenant leur esprit plus bas que leur
fortune ?

---

(1) Fergusson, *Essai sur l'histoire de la société civile*, IIIe part., chap. IV.

CHAPITRE IV.

De l'existence nationale.

Que Carthage soit détruite (1)! Rome ne peut durer si Carthage reste debout: tel étoit le refrain du vieux Caton, toutes les fois qu'il parloit dans le Sénat

Que Carthage soit détruite! Cette exclamation a bien des fois retenti en France dans des discours ou des écrits *patriotiques,* et alors Carthage vouloit dire l'Angleterre; bien des fois elle a retenti en Angleterre, et alors Carthage, c'étoit la France.

On vient de voir dernièrement, en 1815, dans les actes publics de la coalition conduite

_____

(1) Delenda est Carthago.

par l'Angleterre contre la France, ces paroles, ou du moins le sens de ces paroles : « Que la » France subsiste, qu'elle subsiste grande et » libre, son existence est nécessaire à l'Eu- » rope. »

Cette étrange différence de langage mérite qu'on en recherche la raison.

On a long-temps considéré les États comme des corps qui devoient se maintenir de leur seule et propre énergie, vivre de leurs propres moyens, sans rien devoir à ce qui se trouvoit hors d'eux, sans rien attendre de l'extérieur, qu'inimitié, opposition, obstacles (1). D'après cette manière de voir, l'art de la politique étoit de développer au plus haut degré la

(1) Civitatibus maxima laus est quàm latissimas circùm se, vastatis finibus, solitudines habere. Hoc proprium virtutis existimant expulsos agris finitimos cedere, neque quemquam propè se audere consistere ; simul hoc se tutiores arbitrantur. (César , liv. VI, *Mœurs des Gaulois.*)

Voilà le type des premières maximes de politique extérieure.

force intérieure du corps social, de lui donner une surabondance de vie qui le forçât continuellement d'agir, d'agir contre le dehors, pour prévenir toute action contre lui-même. On ne concevoit point d'accord simple et naturel entre un état et d'autres états; il y avoit des alliances, mais point de paix.

De là, toutes ces institutions trouvées si nécessaires chez les anciens, par lesquelles se nourrissoient dans les citoyens la valeur guerrière, l'égoïsme patriotique, la haine des étrangers, l'aversion pour le repos, l'amour de la gloire et des conquêtes.

Tous les peuples ayant ainsi une espèce de force centrifuge par laquelle ils agissoient continuellement les uns sur les autres, nul ne pouvoit se conserver qu'en se mettant avec tous en équilibre, qu'en employant tous ses efforts à roidir le ressort de sa force expansive: c'étoit pour lui le seul moyen de salut, c'étoit la seule garantie de sa durée.

Mais cette tension d'esprit où il falloit continuellement se tenir, est un état violent que l'espèce humaine peut bien supporter dans un certain période de sa vie, mais dont elle devient de jour en jour moins capable; après un certain temps, à un certain degré d'avancement, la fatigue gagnoit, le ressort se relâchoit, la force devenoit moins active, l'équilibre se détruisoit, et l'état étoit bientôt englouti par un autre plus nouveau, qui s'usoit bientôt lui-même par sa propre durée.

C'est là le caractère distinctif de toutes les révolutions qui ont changé l'état des anciens peuples. Parmi les états républicains de l'antiquité, Rome étoit le plus récent; il a englouti tous les autres; il est tombé, le dernier de tous, sous des peuples si nouveaux pour la politique, qu'ils n'avoient pas même de lois.

Ce fut dans les derniers temps de la république, que le relâchement de la vigueur nationale commença à se faire sentir dans Rome. Des Grecs y venoient en foule (1) pour ins-

---

(1) . . . . . non possum ferre, Quirites,
Græcam urbem.

JUVÉNAL, *sat.* III.

truire la jeunesse ; on se plaignit qu'ils affoi-
blissoient le nerf de la vertu romaine, on eut
raison. Ces Grecs apportoient avec eux le goût
des arts et de la science, et surtout la philanthropie, fruit de l'école de Socrate et de
Platon. Cela n'étoit guère propre à nourrir la
passion de la guerre, et le patriotisme exclusif.

Cette doctrine de l'amour des hommes faisoit de grands progrès dans la Grèce, et aussi
la Grèce n'étoit plus libre ; ce fut le fils de
celui qui l'asservit, ce fut Alexandre, qui, le
premier, la proclama comme une doctrine
politique. Il fit déclarer, par un édit, que tous
les gens de bien étoient parens (1).

---

(1) La police ou forme d'Estat tant estimée que Zénon
a imaginée, tend presque toute à ce poinct en somme,
que nous, c'est-à-dire les hommes en général, ne
vivions poinct divisés par villes, peuples et nations,
ains que nous estimions tous les hommes nos bourgeois
et nos citoyens, et qu'il n'y ait que une sorte d
vie, comme il n'y a qu'un monde. Zénon a escript cela
comme un songe ou comme une idée de police ou de
lois philosophiques, qu'il avoit imaginé et formé dans
son cerveau. Mais Alexandre a mis à réelle exécution ce
que l'autre avoit figuré par escript. Il commanda à tous
les hommes vivans d'estimer la terre habitable être leu

La doctrine chrétienne parut ensuite, qui publia que tous les hommes sont frères ; mais elle ne se borna pas à l'annoncer, elle leur ordonna, au nom d'un maître commun, que tous ils se traitassent en frères.

La religion payenne faisoit un devoir du patriotisme ou de l'égoïsme national ; la religion chrétienne fit un devoir de la philanthropie : c'étoit à la fois dogme contre dogme, institution contre institution.

Le dogme de la fraternité des hommes fut le signal auquel se rallièrent toutes les âmes passionnées ; toutes s'enrôlèrent sous la religion qui le proclamoit. C'est alors qu'on vit de grands sacrifices et de beaux dévouemens. Il y avoit à lutter contre la vieille politique romaine, contre la puissance de l'Empire qui soutenoit les dieux de la patrie, les dieux qui avoient détruit Carthage (1) : les chrétiens périssoient, mais ils

---

pays, et son camp en être le château et le donjon, tous les gens de bien paiens les uns des autres, et les meschans seuls estrangers. (PLUTARQUE, *De la fortune d'Alexandre*, traduction d'Amyot.)

(1) Hic cultus in leges meas orbem redegit. (*Discours de* SYMMAQUE.)

ne cédoient pas ; ce furent les Empereurs qui cédèrent.

On a beaucoup parlé de Julien, et l'on n'a jamais dit ce qu'il y avoit à dire de lui. Julien fut un prince qui se mit aux prises avec l'esprit humain, et qui tenta de l'arrêter. L'expérience a fait voir plus d'une fois que les princes n'ont pas toujours un grand succès dans ces sortes d'entreprises.

Le christianisme gagna, et les hommes devinrent frères en théorie; ils étoient encore loin de l'être en pratique.

L'homme est capable de se conduire, ou par ses sentimens, ou par ses idées; ce sont là deux mobiles de nos actions. Toutes les fois que nous agissons sans un motif bien justement apprécié par nous, bien clairement perceptible pour les autres, c'est un sentiment qui nous fait agir; et c'est une idée qui nous détermine quand le motif à été apprécié et peut être défini. Pour que notre action soit forte et durable, ces deux puissances motrices ont besoin de concourir et de s'aider.

Dans les citoyens de l'antiquité, le sentiment patriotique étoit réveillé sans cesse et fixé, pour ainsi dire, par la vue toujours présente de la servitude, de la mort, qui étoient là, à la porte de la ville, prêtes à s'y précipiter si le passage étoit forcé. Ces intérêts physiques entroient pour quelque chose dans l'amour de la patrie.

Dans les familles, le sentiment filial ou fraternel est nourri et alimenté tous les jours par un échange mutuel de bons offices. Sans la communauté des besoins et la réciprocité des services, les liens de la famille seroient trop foibles pour qu'elle restât unie.

Or, le christianisme pouvoit bien créer entre les hommes le sentiment de la fraternité, mais il n'en créoit point en même temps l'intérêt, et, à cause de cela, le but fut manqué. Dans le commencement, l'enthousiasme de la nouveauté, la persécution même, donnoient de la trempe aux âmes; on ne songeoit point à l'intérêt: plus tard, dans le repos, on y songea, on le chercha et on ne le trouva point, ou du moins on le trouva plus foible que les

vieilles habitudes d'isolement. C'étoit un espoir vague, éloigné, confus, une sorte de bien-
être métaphysique, indéfinissable, hors de la
portée de la vie.

La vertu chrétienne fit des prodiges d'humanité, comme la vertu payenne avoit fait
des prodiges de patriotisme, parce que, dans
tous les siècles, il y a de grandes âmes; mais
dans le cours ordinaire de la vie sociale, l'intérêt
personnel, n'excitant point les peuples chrétiens à la philanthropie, comme il excitoit les
peuples payens au patriotisme, l'amour de tous
les hommes ne fut point chez les premiers ce
qu'avoit été chez les autres l'amour d'un petit
nombre, la seule base des mœurs et la règle
habituelle des actions.

C'est par la multiplication des besoins et des
travaux divers, que la fraternité des hommes
peut devenir un objet de pratique. La véritable société chrétienne est celle où chacun
produit quelque chose qui manque aux autres,
lesquels produisent tout ce qui lui manque.
L'intérêt d'union, c'est l'intérêt des jouissances de la vie ; le moyen d'union, c'est le
travail.

Ce n'est point dans les plus beaux temps de la ferveur chrétienne, que des nations liguées contre une nation qui les avoit toutes insultées, ont proclamé que l'existence de leurs ennemis leur étoit précieuse; c'est aujourd'hui, c'est dans un temps. où l'on se plaint que le christianisme est oublié. Une ligue de peuples chrétiens a signalé son zèle par ses dévastations et ses cruautés; une ligue de peuples industrieux a servi ses intérêts en épargnant la nation dont elle avoit à se venger (1) : rendons grâce aux lumières qui nous rendent meilleurs.

---

(1) *L'intérêt* et *l'humanité*, pour tout esprit droit, ne sont que deux noms d'une même chose.

L'intéressé cherche son bien être; son bien-être, par la nature des choses, se trouve dans le bien-être d'autrui; c'est là et non point ailleurs qu'il ira le chercher, s'il est sage. Le désintéressé court après le *beau moral;* le *beau moral*, où se trouve t-il? nulle part que dans l'esprit de l'homme qui y aspire; c'est-à dire, dans le mal comme dans le bien d'autrui, selon sa complexion et son humeur.

CHAPITRE V.

De la sûreté nationale.

C'ÉTOIT pour leur *sûreté* que les Lacédémoniens faisoient la chasse des Ilotes, c'étoit pour leur *sûreté* que les Romains faisoient la chasse des Barbares.

C'est aussi pour leur *sûreté* que les états d'aujourd'hui nourrissent ces multitudes armées qui en consomment la substance. On dit que ce sont des remparts pour l'état. Avant d'examiner si l'état a besoin de remparts, on peut demander pourquoi ces remparts de l'état ne se trouvent pas aux confins de l'état, comme les murs aux bornes d'une ville, afin d'avoir là, en face l'étranger, et derrière, la nation ; pourquoi au contraire ils sont le plus souvent placés au centre, autour de la capitale, autour du siége de l'administration suprême, ayant là, en face la nation, et derrière, le gouvernement. Est-ce que le gouvernement seroit la nation ? est-ce que la nation seroit l'étranger ?

L'homme a un besoin invincible d'agir; chez lui, la résistance même n'est point passive ; détruire pour ne point être détruit, conquérir pour n'être point conquis, voilà les relations des peuples. Il n'y a qu'action et réaction continuelle dans tout le mouvement de ce monde.

Mais s'il y a toujours action, l'action se modifie et se compose diversement selon les circonstances ; l'effet que l'on veut produire se mesure à l'effet que l'on craint d'éprouver ; l'intérêt d'un état se règle en grande partie sur les intérêts faux ou vrais des états qui l'entourent ; son intention suit leurs intentions.

Si l'on en juge par les faits, l'intérêt qui occupe aujourd'hui les peuples européens, ce n'est pas la guerre, c'est la *politique* (1); ce

______

(1) Nous ne voulons pas dire, comme on peut le voir, que les peuples s'inquiètent davantage des affaires

n'est pas de se jeter sur les peuples voisins pour se nourrir de leurs dépouilles, c'est d'empêcher qu'un peuple intérieur qu'ils nourrissent ne les dépouille eux-mêmes.

Une nation, prise à part des autres, n'a donc point maintenant ce besoin d'être guerrière, qu'elle auroit naturellement au milieu de nations intéressées à la guerre ou passionnées pour elle. Désormais, un peuple qui voudra s'autoriser à une action militaire, doit alléguer d'autres raisons que sa *sûreté*, d'autres intérêts que son existence.

S'il y a dans quelques-unes des nations européennes des intérêts qui leur commandent la guerre, c'est ce que nous ne pouvons décider d'abord, c'est ce que l'examen suivant doit montrer.

Le premier intérêt de toute nation, de tout individu, c'est d'avoir des principes et d'y con-

---

de cour, des intrigues des cabinets, de leurs manœuvres, de leurs petites vues secrètes; mais bien qu'ils s'intéressent aux choses qui les regardent, à leur bien-être, à ce qui peut l'assurer: c'est là la politique des nations.

former sa conduite : une conduite qui n'est point assujétie à des règles fixes , ne peut être qu'une suite d'hésitations , d'inconséquences , de démarches contradictoires. Les principes d'une nation, ce sont les bases établies de son organisation sociale ; là doit se rapporter toute sa politique.

Il y a trois nations en Europe , dont l'organisation repose sur des bases entièrement semblables , et , conséquemment , qui ont les mêmes principes : ce sont , l'Angleterre , la France et la Hollande. Si leurs principes sont les mêmes , leur conduite politique doit être la même , car elle doit nécessairement dériver des principes. Quels sont les principes de ces trois peuples , ou bien quelle est l'essence de leur constitution sociale ?

L'organisation sociale de l'Angleterre a pour objet la liberté civile et l'industrie : ces deux objets s'y confondent de manière que l'industrie et la liberté sont à la fois cause et effet, moyen et résultat l'une à l'égard de l'autre. C'est la sûreté garantie à chacun de sa personne et de ses propriétés, qui ouvre carrière à l'activité industrielle, et c'est par les fruits de l'industrie que chacun, ne dépendant que de lui-même et de son travail, devient capable de vouloir et de maintenir sa liberté personnelle.

Or, cette organisation, fondée sur l'industrie et sur la liberté, existe aussi à la fois dans la France et dans la Hollande.

Pour un peuple dont l'industrie est l'objet, le premier de tous les intérêts c'est d'être en paix, car la guerre empêche de produire et d'acheter; elle interrompt toutes les communications, ferme toutes les routes aux échanges (1). Le second intérêt, c'est que les peu-

---

(1) Faire la guerre pour favoriser le *commerce*, c'est aller directement contre son but, c'est tomber dans une contradiction. Le commerce ne se gagne point, ne se retient point par les armes; il est le prix de l'industrie, et c'est par l'industrie qu'on le conserve; toute guerre est nuisible à l'industrie, car elle arrête la production; elle est donc nuisible au commerce.

D'ailleurs, qu'est-ce que le commerce extérieur pour un état, en comparaison du commerce intérieur, du commerce domestique, dont certes on ne peut pas dire qu'il ait besoin de la guerre? Le commerce extérieur de l'Angleterre, selon les calculs de Pitt, ne rapporte pas plus de 10 millions sterling: s'imagine-t-on que c'est pour protéger ce commerce, que l'Angleterre

ples voisins soient en paix entre eux, afin qu'ils se trouvent toujours en état de remplir leurs engagemens contractés.

L'action d'un peuple industrieux la plus conforme à ses intérêts, c'est donc qu'il se tienne en paix et qu'il maintienne la paix autour de lui.

Pour un peuple dont la liberté est l'objet, le plus grand fléau c'est la guerre. Toute organisation militaire, dans une nation, pèse sur la nation de tout le poids qu'elle pèse sur le dehors ; chaque homme enrôlé est un instrument de plus dans la main du pouvoir. En temps de guerre, les lois conservatrices de la liberté sont suspendues ; à la faveur de la diversion, des abus s'introduisent, les abus exis-

---

entretient sa marine, que c'est pour s'assurer un revenu annuel de 10 millions qu'elle en dépense par an plus de 60 ? Il se peut qu'il y ait des têtes angloises qui pensent ainsi ; mais ce seroit faire injure au bon sens humain, que de croire que, durant tant d'années, avec la liberté des débats et de la presse, un pareil établissement de marine eût pu continuer d'être soutenu par le gouvernement de la Grande-Bretagne, s'il n'y eût pas eu d'autres motifs que le commerce, comme en effet il y en avoit d'autres.

1.   2e *Partie.*   4

tans se fortifient, ils se font respecter, parce qu'on craint de s'affoiblir, si l'on y touche : à chaque nouvelle guerre, les anciens stathouders de la Hollande mettoient un pied en avant sur la liberté du peuple ; et si là réforme du parlement est encore demandée en Angleterre, la seule cause en est l'état de guerre.

La liberté, comme l'industrie, chez les modernes, ne peut donc subsister que par la paix.

Et de même que, pour un peuple industrieux, il n'y a d'action utile sur les autres peuples, que d'y propager son industrie ; de même aussi, pour un peuple libre, la seule action utile à sa liberté, c'est qu'il la propage (1).

C'est là tout l'intérêt d'action des trois peu-

____

(1) Une nation libre ne peut trouver d'appui que dans des nations libres comme elle. Tout gouvernement absolu, ou qui tend à l'être, est pour elle un ennemi, sous quelques dehors qu'il se cache. Et cette vérité est bien vieille, car on la trouve déjà dans Tite-Live.

Liberi populi aliorum libertatis causam libenter agunt; reges, *serva* omnia et *subjecta* imperio suo esse volunt. (TITE-LIVE, livre XXXVIII.)

ples que nous avons désignés, c'est là toute leur politique.

Cet intérêt commun les unit par la force des choses : il fait de chacun d'eux un allié naturel des autres; il fait de tous ensemble un peuple de peuples, dont l'objet est le repos, la liberté, l'industrie, en un seul mot, la civilisation de l'Europe.

Et cette confédération est assez forte pour se maintenir et agir en sûreté; le reste des nations s'uniroit pour l'empêcher, qu'elles ne le pourroient pas.

Mais le reste des nations ne peut s'unir, parce qu'il n'y a point aujourd'hui d'intérêt présent commun à toutes : le reste des nations ne peut s'unir dans cette vue, parce qu'il y en a plusieurs dont l'intérêt véritable est le parti contraire.

L'Allemagne se remplit peu à peu de constitutions parlementaires (1), et elle tend tout

----

(1) La monarchie *parlementaire* de l'Angleterre, de la France, de la Hollande, est une sorte de régime

4.

entière à ce régime. L'Italie fait des efforts pour y venir : l'Espagne en a fait et elle en fera : voilà donc encore trois nations liées ensemble par le sentiment d'un besoin commun ; c'est une confédération nouvelle, dont l'objet est d'obtenir ce que la première a pour objet de maintenir.

La conduite politique de l'Angleterre, de la France et de la Hollande considérées comme un corps à part, à l'égard de l'Allemagne, de l'Italie et de l'Espagne considérées comme un autre corps à part, doit être de les protéger dans la recherche de leur liberté ; de leur prêter l'appui de leur force contre tout obstacle du dehors, et le secours de leurs lumières contre tout obstacle qui seroit en elles-mêmes.

La conduite de celles-ci à l'égard des pre-

---

industriel ; la République *parlementaire* des États-Unis est aussi une sorte de régime *industriel ;* mais il y a de grandes différences entre ces deux formes de gouvernement dans leurs rapports avec l'industrie. Nous traiterons plus tard de ces différences.

L'Europe fait son entrée dans le régime *industriel,* par la monarchie *parlementaire.*

mières, c'est de se ménager, par tous les moyens possibles , et le soutien de leur puissance , et l'intimité de leur commerce.

Enfin, leurs relations mutuelles doivent être, par la force de leurs besoins communs , les relations de citoyens d'un même peuple , de membres d'un même corps, l'union, le concert, l'amitié.

La vérité est simple et claire ; l'erreur est obscure ; elle se replie sur elle-même, et s'embarrasse pour échapper. Ces grands intérêts des nations sortent, d'eux-mêmes, de la nature des choses ; pour les découvrir, il ne faut que les chercher. Mais il y a des fantômes d'intérêts, intérêts de préjugés , intérêts de familles, intérêts de personnes, qui s'élèvent comme un nuage au-dessus de la vieille Europe , et arrêtent le regard qui voudroit percer jusqu'au vrai. C'est dans ces ténèbres que la politique du jour va puiser ses lumières ; et les peuples hébétés d'entendre toujours parler de leur intérêt, s'imaginent, à la fin , que c'est bien de leur intérêt qu'on parle. Il ne manque pas de grands esprits, qu'on doit du moins croire tels, car tous les jours ils embrouillent de grandes affaires, qui prouvent, au besoin, aux nations que leur intérêt le plus sacré est que le *domaine* soit arrondi, et la couronne riche et enviée ; que tel prince qui n'étoit qu'un sot, s'étant laissé battre il y a trois cents ans, les enfans de ceux qui l'ont battu sont nos ennemis naturels, et qu'il est de notre honneur de nous ruiner pour les punir d'avoir été braves (1) ; que la liberté est dangereuse et l'in-

---

(1) Qu'est-ce que les haines nationales ? C'est le souvenir de vieilles hostilités, dont les causes ont depuis long-temps disparu, et où les nations presque toujours n'ont figuré que comme instrumens. Une misérable querelle de succession entre deux princes a produit la haine de la France et de l'Angleterre. Des efforts faits de part et d'autre pour arriver au but ridicule d'un monopole exclusif, ont produit la haine de l'Angleterre et de la Hollande. Les folles conquêtes de Louis XIV ont produit la haine de la Hollande contre la France. Que reste-t-il aujourd'hui de ces rivalités ? Rien ; et les passions vivent encore !

Les soldats qui servoient la querelle d'Edouard et de Philippe, pouvoient se haïr ; ils pouvoient, par des propos violens, exprimer la violence de leur haine : que nous importe cela maintenant ? S'il y a un mot qu'un Anglois, qu'un François qui pense, doive porter aujourd'hui dans le cœur et sur les lèvres, c'est ce

dustrie méprisable , ou bien qu'il faut réserver
pour soi sa liberté et son industrie , et se garder bien d'en rien laisser passer aux autres. Voilà
ce qu'ils disent, et, lorsqu'on leur demande
pourquoi ils mentent si impudemment à la
bonne foi et au bon sens, ils répondent :
Nous sommes payés pour cela.

Par le fait, l'Angleterre, la France et la Hollande, forment une confédération; par le fait,
l'Allemagne, l'Italie et l'Espagne en forment
une autre ; par le fait, ces deux confédérations, prises ensemble, forment un corps d'États,
un système, où chaque partie a ses rapports
nécessaires et déterminés, qui la rattachent
aux autres. La force n'entrant pour rien dans
ces rapports, nul de ces États n'a besoin d'une
force qui lui soit propre; il doit seulement
concourir pour sa part à la force commune,
laquelle, destinée à protéger le corps entier,
est nécessairement reléguée aux extrémités.

La barbarie seule est conquérante ; c'est

---

beau mot du comte d'Oxford : « De deux peuples, ne
» faisons qu'un peuple d'amis » *ex duabus gentibus,
faciamus unam gentem amicissimam*

contre la barbarie que la force est encore utile, comme une barrière qui lui coupe le chemin. Où finit la civilisation, où commence la grossièreté inculte, là doivent être les remparts de l'Europe, et les seuls remparts en Europe.

Il n'y a, dans les limites du territoire européen, tel qu'on le mesure maintenant, qu'un seul État en deça duquel soient posées les bornes de la véritable Europe, c'est la Russie. Rousseau croyoit qu'il viendroit infailliblement un jour où les Tartares se jetteroient sur la Russie, et la pousseroient contre l'Europe, comme les peuples du Nord, dans leurs invasions, chassoient vers l'Empire romain tout ce qui se rencontroit sur leur passage. Aujourd'hui, on redoute la puissance toujours croissante du gouvernement russe.

La ville du gouvernement russe, *Pétersbourg*, est une ville européenne; la ville de la nation russe, *Moscow*, est une ville asiatique: la population entière est divisée entre ces deux points de ralliement : tout ce qui tient plus à la cour qu'aux provinces, est dans le parti de l'Europe contre l'Asie; tout ce qui tient plus aux provinces qu'à la cour, est dans le parti de l'Asie contre l'Europe.

Chaque seigneur féodal en Russie, est presque un souverain étranger à l'égard du chef de l'Empire ; chaque paysan, vivant sur les terres d'un seigneur, est sujet dépendant du seigneur : l'Empire n'a de dépendans immédiats que ses délégués et ses soldats : pour lui, compter ses armées, c'est compter ses sujets.

L'Empire russe n'a que deux moyens de se soutenir, la puissance militaire et des liaisons en Europe. En même temps que ces liaisons lui donneront la force, elles lui donneront la civilisation, autre genre de force qui lui est plus utile encore que l'autre, car elle dénature la barbarie, quand la première ne fait que la contenir.

L'action du gouvernement russe et de la civilisation, aura-t-elle subjugué la *Moscovie*, avant que celle-ci ait pu se rallier, subjuguer l'Empire, et se jeter sur l'Europe ? Voilà la question.

Quoi qu'il puisse arriver, la conduite que doit tenir l'Europe à cet égard n'est point douteuse. L'Empire russe lutte au sein de la

Moscovie pour la civilisation européenne, il faut l'y soutenir; l'Empire russe pourroit vouloir se déborder sur l'Europe : pour échapper à cette lutte et subsister sans combattre, il faut lui opposer des digues qui le contiennent.

CHAPITRE VI.

Des Systèmes politiques.

———

Depuis que l'isolement national a cessé d'être absolu en Europe, par la généralisation des idées dans les peuples, l'Europe a formé constamment un *système politique* ; c'est-à-dire que toujours il y a eu des rapports réglés entre les nations qui la composent. Les rapports ont varié, les *systèmes* ont changé de nature.

Le christianisme, par le seul fait de son universalité en Europe, a produit le premier *système* européen. Ce système n'établissoit entre les peuples que des rapports vagues de sentiment, sans intérêt positif ni d'union ni d'opposition, ce qui abandonnoit leurs relations actives au flux et au reflux des opinions et des passions. Mais aussi tous les États se trouvoient placés dans une situation fixe de dépendance à l'égard d'un état particulier dont la volonté agissoit sur les volontés de tous les autres, c'étoit l'État romain. Lorsqu'il se présentoit un objet commun à poursuivre, l'autorité de la Cour de Rome pouvoit réunir fortement l'Europe et en faire un seul corps, mais seulement pour un temps, et tant que subsistoit l'objet : dans le cours ordinaire des choses, l'individualité prévaloit. On a vu en effet dans le *système catholique*, toutes les nations européennes, rapprochées violemment par une opinion partie de Rome, agir de concert et d'un mouvement commun, puis après, retomber comme auparavant dans la personnalité.

Ce *système* commença d'exister au huitième siècle, lorsque toute l'Europe occidentale fut catholique; il finit au quinzième, lorsque, par la Réforme, elle se partagea en deux sectes rivales.

Cette division, une fois fixée, produisoit, par le fait, une autre espèce de *système* européen. L'intérêt de la Réforme unissoit les Etats protestans, et en faisoit une confédération à part; l'intérêt du papisme unissoit

les États catholiques, et en faisoit une autre
confédération à part : ces deux ligues étoient
nécessairement ennemies par la nature de leurs
intérêts opposés : mais aussi chacune d'elles
étoit d'autant plus unie en elle-même , que
cette inimitié étoit plus forte. Ainsi, il y avoit
à la fois rapprochement nécessaire et désu-
nion nécessaire. C'étoit la paix privée, garantie par la guerre publique.

Le *système* de l'unité religieuse est tombé
quand l'intérêt religieux a cessé d'être un ; le
système de l'équilibre religieux est tombé dès
que l'intérêt politique a prévalu sur l'intérêt
religieux.

L'intérêt politique, long-temps débattu, est
fixé enfin par le résultat de la Révolution françoise, et ramené à sa véritable nature ; c'est
l'intérêt de la liberté civile et l'intérêt de l'industrie nationale : de là résulte , par le fait ,
un *système politique* en Europe.

C'est un fait, comme nous l'avons dit, que
l'Angleterre, la France et la Hollande vivent
sous le régime parlementaire, sous le régime
industriel : or, personne ne peut nier que ce

régime ne doive s'établir plus complétement et plus solidement en Europe, à mesure qu'il y sera plus généralement établi. Donc l'Angleterre, la France et la Hollande ont entre elles un intérêt commun, l'intérêt de propager le régime parlementaire.

C'est un fait que l'Allemagne, l'Italie et l'Espagne désirent pour elles le régime parlementaire : donc l'Allemagne, l'Italie et l'Espagne ont aussi entre elles un intérêt commun.

Voilà donc deux confédérations formées par deux intérêts séparés, comme les deux confédérations du *système d'équilibre :* mais il y a cette différence, que la confédération protestante et la confédération catholique avoient entre elles un intérêt d'opposition, tandis que les deux confédérations politiques ont entre elles un intérêt de rapprochement et d'union, l'une ayant besoin d'être protégée par l'autre, l'autre ayant besoin de protéger celle-là.

Voilà tout le *système* présent de l'Europe. Quant aux autres peuples, ils sont neutres ou ennemis ; ils ne pourront entrer en ligne de compte qu'en entrant dans l'intérêt de la liberté et de l'industrie.

Ce *système* existe, car les rapports des nations existent tels que nous venons de dire : mais qu'on agisse d'après ces rapports, que même seulement on les reconnoisse, c'est trop vouloir, nous n'y prétendons pas.

On regarde l'Europe, on y voit des empires, des royaumes, des principautés, des seigneuries et point de nations : tout cela est combiné ensemble au hasard, uni ou divisé par de vieilles amitiés, de vieilles haines d'habitude, de vieilles prétentions, des alliances de famille, des parentés, des mariages. Au travers de ce chaos, comment est-il possible de voir un ordre? Tous ces personnages qui occupent le haut du théâtre cachent les peuples derrière leurs larges manteaux; et le fracas de leurs querelles, et le fracas de leurs alliances, étouffent la voix qui s'élève pour attester les intérêts des hommes.

Si nous voulions parler aux nations qui sont derrière la scène, nous leur dirions de s'ordonner en silence selon leurs intérêts véritables, et de ne prendre parti pour les personnages qu'autant que nous prenons parti pour les héros de nos théâtres : les acteurs laissés à eux-mêmes ne soutiendroient pas long-temps leurs rôles, et la scène seroit bientôt vide : alors, ce seroit aux nations de figurer.

A voir les choses d'un œil ferme, la guerre n'a plus de place dans le système intérieur de l'Europe, elle n'y existe plus que comme une action du corps entier sur le dehors ; et pourtant, il y aura encore des guerres intestines : il y aura des guerres, parce qu'il y a encore des soldats : mais les soldats ne sont point les peuples : on pourra voir aux prises soldats contre soldats, nations contre soldats, mais non plus nations contre nations.

Ces troubles même et ce tumulte hâteront le moment de l'ordre et du repos ; les soldats et leurs chefs, comme les guerriers de Cadmus, se détruiront les uns par les autres ; ils mourront ; mais les nations vivront, et vivront libres.

CHAPITRE VII.

De la Richesse nationale.

———

Dans toute association formée pour une entreprise d'industrie quelconque, c'est par les capitaux placés dans l'entreprise et par l'industrie des associés qui travaillent sur ces capitaux, que se produit le profit ou la *richesse*. La société recueille de la *richesse*, des *valeurs produites*, en proportion de ses capitaux et de son industrie.

Ces valeurs ainsi produites composent le revenu de l'entreprise ; ce revenu se distribue entre chacun des associés, dont la part obtenue forme le revenu particulier. La part ou le revenu de chacun individuellement, se mesure au taux des capitaux ou des services industriels qu'il a mis en commun. Plus de capitaux,

plus d'industrie apportés donnent nécessairement une plus grande part, un revenu plus
considérable. Ce moyen d'obtenir davantage
est infaillible, et il est le seul.

Une nation n'est autre chose qu'une grande
société d'industrie. L'entreprise sociale a pour
objet la satisfaction des besoins de tous ; la
richesse qui satisfait aux besoins de tous, s'y
produit, comme dans l'entreprise particulière,
par le concours des capitaux et de l'industrie
publique.

Le revenu national est divisé entre tous les
citoyens, et la part de chacun est son revenu
privé. Chaque citoyen reçoit d'autant plus en
partage, qu'il a plus contribué à la production,
qu'il a engagé plus de capitaux et exercé plus
d'industrie.

La réunion de tous ceux qui travaillent, dans
un pays, est une grande société industrielle qui
embrasse toutes les sociétés industrielles ren-
fermées dans les bornes du pays. La réunion
de tous ceux qui travaillent, dans le monde,
est aussi une grande société d'industrie qui
embrasse à la fois toutes les sociétés natio-

nales; l'entreprise est la même, c'est toujours de produire.

Par la nature des choses, et comme il arrive dans toute entreprise industrielle, le revenu de l'univers se produit par le concours de l'industrie et des capitaux de tous les peuples. Par la nature des choses, il se partage, et, d'un cours naturel, va se rendre dans chaque peuple, en proportion des capitaux et de l'industrie qu'il a mis en commun.

Les capitaux et l'industrie, voilà donc les organes naturels de la création des *richesses* : un peuple qui les possède s'enrichit nécessairement; un peuple qui ne les a pas, reste nécessairement pauvre.

Mais ces organes sont délicats; ils ne veulent point qu'on les touche; ils se développent et agissent d'eux-mêmes; tout instrument qu'on y applique les blesse, toute force étrangère qu'on fait venir à leur aide, loin d'ajouter à leur force, la paralyse; loin de servir à leur action, la trouble et la déconcerte.

Nous avons dit que la somme de *richesse*

produite par le genre humain travaillant, se partageoit entre chaque peuple selon ses capitaux et son industrie ; que ce partage se fasoit de soi-même, nécessairement et d'une manière exacte.

Supposons maintenant, qu'une nation voulût se rendre le partage plus favorable , obtenu plus en apportant moins, faire entrer dans son revenu privé une part du revenu public destinée à une autre nation ; en d'autres termes, *s'enrichir* davantage sans accumuler plus de capitaux productifs, sans exercer plus d'industrie productive.

Pour cela, il faut une force, et une force physique, c'est-à-dire des armes et des bras; car on doit s'attendre à une résistance de la part des autres nations: or, ici déjà, le calcul est en défaut. On a cru qu'on laisseroit intacts son industrie et ses capitaux , et que seulement on auroit un moyen de plus; point du tout; c'est un moyen qui se crée aux dépens des deux autres : il faut perdre sur le travail productif le travail des hommes qu'on emploie, perdre sur les valeurs capitales le salaire de ces hommes et le prix des machines de guerre.

La force une fois créée, il s'agit de l'appliquer. On bâtira sans doute la première application sur le raisonnement suivant.

« C'est la concurrence des vendeurs qui fixe
» à son point le prix d'un produit; en nous
» délivrant de la concurrence et en débitant
» seuls, nous ferons hausser à volonté le prix
» de notre marchandise, nous multiplierons à
» volonté les profits de notre commerce. »

Ayant ainsi raisonné, et se fiant à ce raisonnement, on cherchera l'espèce de produits dont le monopole pourroit être le plus facile et le plus sûr. Les denrées coloniales étant données par un seul pays et d'un usage universel dans le monde, c'est sur elles que la vue s'arrêtera.

De deux choses on fera l'une : ou l'on s'emparera du pays, afin de l'exploiter pour son compte, ou l'on en gardera toutes les avenues, afin de s'en réserver exclusivement le commerce.

Ce plan ne s'exécutera point sans la dépense d'une armée, de cantonnemens dans le pays pour cette armée, de flottes pour garder les passages, de flottes pour protéger les vaisseaux de transport, d'une administration civile pour gouverner le pays, ou pour y maintenir les conditions du commerce, etc., etc.

Toutes les sommes nécessaires pour ces frais énormes seront prises sur les capitaux productifs, dont le décroissement fera nécessairement décroître en même proportion la somme du revenu national; mais la difficulté est petite, si l'on doit gagner plus à l'entreprise qu'on ne dépense à ces apprêts, si le monopole, en un mot, remplit le vide avec excès. Mais si le monopole n'est qu'un leurre.....

La marchandise mise en vente sans concurrence de vendeurs, hausse de prix; nul doute à cela; mais à mesure que son prix s'élève, le nombre des acheteurs diminue : que le prix s'élève de plus en plus, et bientôt plus de demande, plus de vente, plus de profits pour le monopoleur, à moins qu'il ne fasse redescendre la marchandise au niveau de son prix naturel; peut-être un peu moins bas : mais est-ce bien là ce qu'on s'étoit promis? est-ce pour ce résultat mesquin qu'on s'est accablé de dépenses? qu'on s'est fait des ennemis? qu'on s'est

fermé une partie du chemin qui conduit sûre-
ment à la richesse ?

Pour qu'un peuple monopoleur vît réaliser
ses espérances, il faudroit, quand il fait hausser
le prix d'un produit, qu'il donnât en même
temps aux autres peuples le moyen de le payer
plus cher. Si le monopoleur n'a pas le pouvoir
de créer chez les autres la *richesse*, pour la
faire refluer chez lui, le monopole n'est qu'un
sot calcul, comme c'est un calcul immoral.

Un autre raisonnement seroit celui-ci :

« La concurrence des producteurs fait que
» chacun est exposé continuellement à perdre
» les débouchés de ses produits ; un débouché
» assuré, exclusif, donneroit à la fois de la sé-
» curité et de gros bénéfices, à la faveur du
» monopole. »

La pratique est simple. On s'assure la pos-
session de différens points du globe, on y établit, sous une administration dépendante de soi,
une réunion de consommateurs que l'on grossit
autant que l'on peut ; cela s'appelle une colonie. On ferme les entrées de la colonie à tout

produit étranger , on gêne par des vexations les étrangers qui veulent vendre et les colons qui veulent acheter. Ces vexations n'ont lieu qu'au moyen d'armées, de flottes, de douanes, c'est-à-dire encore de dépenses énormes.

En supposant qu'on réussisse , on vend seul à la colonie ; on lui vend plus haut que le prix naturel ; cet excès rend le bénéfice plus grand : voilà l'avantage. Les sujets de la métropole ont fait un bénéfice aux dépens des colons.

Mais les colons sont aussi sujets de la métropole ; c'est donc un impôt levé par une partie des sujets sur l'autre ; la perte détruit donc le gain ; le bénéfice est donc nul , non pas, il est vrai , pour l'individu qui l'a fait, mais pour l'État (1).

----

(1) En retour, la métropole s'oblige à acheter exclusivement des Colons leurs denrées. Ainsi, elle leur donne un monopole sur elle : ils en profitent, ils lui vendent aussi *plus haut que le prix.*

Est-ce pour leur bien mutuel que la métropole et la colonie sont liées l'une à l'autre ? Mais chacune d'elles est vexée à cause de l'autre ; mais chacune d'elles perd

« Le vendeur, se dira-t-on encore, pré-
» lève sur l'acheteur les profits de sa vente ;
» ce qu'il gagne, l'acheteur le perd ; gagner
» beaucoup sur les autres, et leur laisser peu
» gagner sur soi ; vendre beaucoup et acheter
» peu, ce seroit avoir tout l'avantage du com-
» merce. »

D'après cela, il y a deux choses à faire ;
d'abord de fermer, autant qu'on pourra, la
voie aux produits étrangers, et de l'élargir aux
produits nationaux.

On s'entourera donc d'une armée de visi-
teurs, de douaniers, de soldats ; on aura un
système réglé d'impôts, d'amendes à lever sur
chaque produit de l'étranger, afin de ne recevoir de ces produits, que ce qu'on voudra
bien en recevoir : cela est facile à organiser. Il
suffit d'arracher aux travaux utiles et honnêtes vingt mille hommes, dont on fera des
officiers et des soldats du fisc, c'est-à-dire des
ennemis armés de tous les intérêts des ci-

---

dans les marchés qu'elle fait avec l'autre : pour qui donc
est l'avantage ? Probablement pour ceux qui *règle-
mentent.*

toyens laborieux, aux dépens de qui ils vivront ; vingt mille hommes qu'on dévouera à la haine et au mépris publics, qu'on dépravera en les avilissant.

Mais si l'on peut contraindre par la force les marchands étrangers à ne pas vendre aux nationaux ; si l'on peut contraindre les nationaux à ne pas acheter de l'étranger, comment contraindre l'étranger à acheter des marchands nationaux ? La violence est ici hors de propos, l'attrait seul peut agir ; c'est une faveur qu'on désire ; le seul moyen de l'obtenir, c'est de la payer.

On paye donc l'étranger pour qu'il veuille bien s'approvisionner des denrées nationales ; et cette absurdité n'est point une supposition, c'est une mesure continuellement suivie : les gratifications données aux marchands qui exportent, les primes, les remboursemens de droits, *draw-backs*, comme on les appelle en Angleterre, ne sont autre chose que des gratifications pour les acheteurs étrangers ; car le négociant qui les reçoit, peut, sans perte pour lui-même, donner sa marchandise dans l'étranger, au-dessous du prix qu'elle lui coûte,

au-dessous des frais de production , ce qu'il ne
manque jamais de faire pour s'assurer la préférence : le négociant y trouve encore son
compte ; mais la nation...... ?

Ce n'est pas tout, venons aux résultats.
Par les mesures prohibitives, on a privé toutes
les autres nations d'une portion plus ou moins
grande des profits de leur industrie agricole,
manufacturière et commerciale; on a arrêté en
elles un certain accroissement de *richesse* :
cela va à l'objet, dira-t-on peut-être ; mais
qu'on sache donc que cet accroissement de richesse auroit produit une plus grande demande
des denrées qu'on exporte; que cette plus
grande demande auroit produit de nouveaux
débouchés qu'on s'est fermés soi-même.

La nation dont on a prohibé les marchandises, usera à son tour de représailles; elle
prohibera les vôtres; elle vous privera aussi à
son égard, de tout commerce extérieur, de ce
commerce extérieur pour lequel vous aviez
pris toutes ces peines et prodigué tant de dépenses.

Vouloir tout conduire, tout soumettre à

des règles, à des calculs, c'est la plus grande des folies humaines. Le commerce se développe de lui-même, et par une force intérieure, comme les corps de la nature; presser le développement par une action étrangère, c'est l'arrêter, c'est tuer le corps.

Qu'on regarde comment les choses se passent dans le cours ordinaire de la vie et dans le commerce des individus, et l'on y verra, comme dans un miroir, toutes les circonstances diverses des transactions et du commerce des peuples. Où il n'y a point de *richesses*, l'homme industrieux végète, quoiqu'il n'ait pas un seul concurrent; où il y a de l'opulence, il *s'enrichit*, malgré la concurrence de mille industrieux comme lui. C'est là le fait le plus général et le plus certain de tous les faits du commerce.

Aussitôt qu'un marchand a amassé un petit capital dans le fond de quelque province où l'on produit peu, s'y établit-il en faisant ce raisonnement qu'on a tout à vendre à qui n'a rien ? Il y a plus de bon sens dans son intérêt; il va où l'on produit beaucoup, parce que là seulement on achète beaucoup, dans une ville grande et riche, à Paris, à Londres, à Amsterdam.

Les pauvres habitans de l'Auvergne et de la Savoie accourent en foule à Paris pour y acquérir un pécule : voit-on les habitans de Paris émigrer en Auvergne pour y chercher la fortune ?

Les nations veulent - elles des faits tirés d'elles-mêmes ? Il y en a en foule qui se présentent. La Russie, depuis sa naissance, il y a cent cinquante ans, a eu des rapports constans de commerce avec les deux nations les plus riches de l'Europe, la Hollande et l'Angleterre. La Russie en est-elle devenue plus pauvre, ou bien y a-t-elle gagné ? Est-ce de ses voisins sauvages et pauvres, des Tartares ou des Samoyèdes, qu'elle a tiré et qu'elle tire encore des capitaux pour ses établissemens d'industrie ? C'est en commerçant avec l'Angleterre que les États-Unis ont acquis de quoi conquérir leur liberté sur l'Angleterre.

Plus il y a de peuples riches, plus il y a de moyens de richesse pour les peuples. C'est une vérité évidente en politique, que chacun est personnellement intéressé à la prospérité de tous ; que ce que chacun gagne tourne au profit de tous, et ce que chacun perd au détriment de tous.

Du travail, de l'économie, voilà les deux puissances productives des *richesses*. La force est un ingrédient étranger qui corrompt tout s'il se glisse, qui produit la détresse par l'immoralité (1). Le monopole, les colonies, les prohibitions, ont ensanglanté les terres et les mers, dévoré les fruits et les alimens de l'industrie ; et quels profits jamais en a-t-on tirés ?

La seule guerre d'Amérique a grevé l'industrie et le commerce de l'Angleterre de 9,143,913 liv. sterlings ou 210,309,999 liv. de

----

(1) Vous ne pouvez vous suffire à vous-mêmes, chaque jour vous en deveriez moins capables, chaque jour vous avez plus besoin des autres. Il y a pour vous deux partis, c'est de les contraindre ou de les attirer. Il y a deux états où vous pouvez les mettre à votre égard, c'est qu'ils vous rendent service à regret, ou qu'ils viennent d'eux-mêmes au-devant de vos besoins. Que l'intérêt choisisse.

rentes; il en est résulté la liberté de l'Amérique, c'est-à-dire, un bien que l'Angleterre pouvoit obtenir sans frais et avec gloire.

A force de guerres, de crimes, de profusions dans l'Inde, l'Angleterre y a fondé un royaume; ce royaume, dont les contributions, selon M. de Humboldt, sont de 43,000,000 st., rapporte à l'Angleterre un revenu net de 3,000,000.

Qu'on lise l'histoire de toutes les Colonies, de tous les établissemens lointains de tous les peuples, on verra les mêmes faits se reproduire; de grandes pertes, de grandes infamies pour un misérable gain, pour la centième partie de ce que donne le commerce honnête, le commerce libéral, le commerce qui porte l'aisance et le bonheur dans tous les lieux où il pénètre.

Le travail de la production des *richesses* dans une nation, est un travail intérieur; il est tout entier dans l'action du peuple sur soi-même : toute espèce d'action sur les autres peuples, dans la vue d'acquérir, est une mauvaise spéculation, hors dans un seul cas; c'est lorsqu'on va leur porter, leur enseigner l'industrie. L'industrieux consomme et paye; l'ignorant grossier a peu de besoins, et quand il a besoin il vole.

On a appelé plus d'une fois l'attention des peuples européens sur de vastes étendues de terre placées aux portes de l'Europe, qui sont incultes et qui s'offrent à produire. Les côtes de l'Afrique n'attendent que des capitaux pour donner en abondance toutes ces denrées, que, selon la remarque de M. Say, on appelle mal à propos *coloniales*, et qui sont des produits des Tropiques (1). Ce seroit un grand objet d'intérêt national, d'intérêt européen, d'intérêt de l'humanité, car ces trois mots veulent dire la même chose, que d'y fonder des établissemens de culture. Nous n'entendons point par là qu'on y fasse croître, comme on l'a fait ailleurs, avec le coton et le sucre, l'esclavage, les vexations et la misère, mais le travail libre, se nourrissant lui-même, et jouissant de ses fruits en même temps qu'il en fait jouir.

Qu'est-ce que l'homme demande aux hom-

---

(1) *Traité d'économie politique*, tom. Ier, pag. 289.

mes? La liberté; la liberté de disposer de ses bras, de son industrie, de ses biens. Fais chacun aussi libre que tu veux l'être; voilà toute la morale. Sois juste, sois bon, aime les hommes, ce sont des préceptes trop vagues et qui trop facilement viennent s'accommoder avec nos passions déréglées. La justice, c'est le droit, et le droit, tout d'un coup, fait d'un homme la propriété d'un autre homme. J'agis selon mes droits, je te vends, je suis juste. Je puis te tuer, et je te fais mon esclave; je puis prendre pour moi tout ton bien, et je t'en laisse la vingtième partie, je suis bon envers toi. J'aime mon cheval, mais j'aime la chasse, je crève mon cheval; j'aime mes sujets, mais j'aime la gloire.....

Tout homme qui n'est pas idiot ni perclus, n'a besoin que de liberté pour vivre. « La » protection, disent quelques-uns, est néces- » saire; la protection c'est la sûreté garantie; » la garantie de la sûreté est dans un pouvoir » supérieur; plus le pouvoir est grand, plus » la sûreté est grande; ce qu'il y a de meil- » leur pour les hommes, c'est d'être soumis à » un pouvoir. » Ce raisonnement revient à celui-ci : « Tout homme a à craindre l'appro- » che des autres hommes; des murs et une

I.   2ᵉ *Partie.*   6

» porte de fer entre lui et les autres, sont une
» garantie contre cette crainte; plus la prison
» sera étroite, plus la garantie sera sûre; le
» premier besoin des hommes, c'est la prison. »

On conçoit que parmi les sauvages de la
Tartarie un homme ait besoin de sûreté contre
les autres; qu'il ait besoin d'être protégé, d'être
resserré pour son bien; mais en France, mais
en Angleterre, mais en Europe, est-ce que
l'approche de l'homme seroit un sujet de crainte
pour l'homme? est-ce que partout où il y a des
besoins communs, le premier intérêt de chacun
n'est pas, au contraire, que nulle puissance ne
s'interpose entre lui et ses semblables? est-ce
que partout où l'on travaille, tout homme travaillant n'est pas en sûreté, sous la protection
de son industrie?

———

CHAPITRE VIII.

De la Valeur nationale.

———

Lorsqu'un homme, avec de petits moyens physiques, exerce une grande action, ou surmonte de grands obstacles physiques, on attribue cette puissance à une force morale, qui existe en lui et qu'on appelle *valeur*.

Lorsqu'une nation, petite et foible en apparence, en domine d'autres qui semblent plus grandes et plus puissantes, on leur résiste avec succès ; on reconnoît aussi dans cette nation une force morale intérieure qui lui fait produire ces effets disproportionnés à ses moyens ; on dit qu'elle a de la *valeur*.

La valeur est la plus haute qualité des peuples, c'est elle aussi qu'on a le plus vantée.

6.

Sparte, une simple ville, faisant trembler l'Empire persan ; les communautés de la Lombardie, de simples villes aussi, tenant tête à tout l'Empire germanique ; quelques poignées de fabricans et de pêcheurs réfugiés dans les marais de la Batavie, et soutenant là, de pied ferme, le double choc des flottes et des armées de Philippe II, voilà les traits les plus admirés de l'Histoire, voilà les effets de la *valeur*.

La *valeur*, comme toutes les qualités morales, ne se manifeste que par des faits extérieurs ; mais ces faits, qui découvrent qu'elle existe, ne découvrent point comment elle existe, ce qu'elle est, d'où elle provient, quelle en est l'essence, le principe, la cause. Si tel peuple a eu de la *valeur*, c'est une question d'histoire ; il suffit pour y répondre de dire ce qu'à fait ce peuple. D'où venoit à tel peuple sa *valeur* ? c'est une question de politique. Pour la résoudre, il faut entrer dans l'examen des circonstances, du caractère, des occupations, des institutions de ce peuple.

Si l'on veut aller plus loin et se demander d'où vient en général la *valeur* dans un peuple,

ce qui la donne, ce qui la fortifie, il faut ras-
sembler les faits particuliers du moral de chaque
peuple qui répondent à cette qualité, et les
comparer tous ensemble ; si aucun fait important n'est omis, le résultat de la comparaison
sera la solution du problème.

Rousseau s'est beaucoup étudié à faire sentir
qu'il y a dans certaines nations une *valeur*
personnelle, indépendante de tout appareil extérieur de puissance, et ne devant rien ni à la
richesse ni au nombre du peuple.

« Sparte n'étoit qu'une ville, et cette ville
» donna des lois à la Grèce, dont elle devint la
» capitale, et fit trembler l'Asie (1).

» La monarchie de Cyrus fut conquise avec
» trente mille hommes, par un prince plus
» pauvre que le moindre des satrapes de Perse.

» Deux fameuses républiques se disputèrent
» l'Empire du monde; l'une étoit très-riche,
» l'autre n'avoit rien, et ce fut celle-ci qui détrui-

-----

(1) Rousseau. *Gouvernement de Pologne.*

» sit l'autre : l'Empire romain, à son tour, après
» avoir englouti toutes les richesses de l'Uni-
» vers, fut la proie de gens qui ne savoient
» pas même ce que c'étoit que richesse (1). »

Rousseau cite ces traits comme des exemples de *valeur nationale*. Il trouve les causes de cette valeur dans l'énergie des mœurs guerrières , dans l'exercice continuel des armes, dans ces institutions qui rappeloient incessamment à chaque citoyen la patrie, c'est-à-dire, des hommes qu'il devoit défendre , et d'autres d'hommes qu'il devoit combattre.

Les sciences, les arts, les métiers, toutes les occupations tranquilles qui ôtent à la fois le temps de se livrer aux exercices de la guerre, en dégoûtent et en rendent moins capable, lui semblent les seules causes du déclin de la *valeur* dans les peuples. Partout où il voit le travail sédentaire et les mœurs paisibles naître et se développer , il n'aperçoit plus que des lâches et des esclaves.

---

(1) Rousseau. *Discours sur les sciences et les arts.*

« Voyez l'Égypte, cette contrée célèbre ,·
» d'où Sésostris partit autrefois pour conquérir
» le monde ; elle devient la mère de la philoso-
» phie et des beaux-arts, et bientôt après, la
» conquête de Cambyse, puis celle des Ro-
» mains, et enfin des Turcs.

» Voyez la Grèce, jadis peuplée de héros
» qui vainquirent deux fois l'Asie, l'une devant
» Troie et l'autre dans leurs propres foyers ;
» les lettres naissantes n'avoient point encore
» porté la corruption dans le cœur de ses ha-
» bitans ; mais le progrès des arts et le joug
» du Macédonien se suivirent de près. »

Ces faits sont exacts, et la conclusion est
juste, si on ne la fait pas trop générale. Qu'il
se produise dans une nation, par les exercices et la passion de la guerre, un certain développement de force intérieure qui s'arrête
aussitôt que d'autres exercices, et une autre
passion succède ; que dans une lutte militaire,
les études militaires fassent beaucoup pour
l'avantage, cela ne sauroit être contesté ; mais

____

(1) Rousseau. *Discours* cité plus haut.

qu'il ne se développe de force nationale, qu'il ne se produise de *valeur* dans un peuple, que par l'exercice de la guerre; que des hommes élevés pour la science militaire, pour les passions militaires, l'aient toujours emporté sur des hommes animés par d'autres passions et formés à d'autres études, c'est ce qu'on peut nier; c'est ce qu'on peut nier en se reposant aussi sur des faits.

Au douzième siècle, l'Empire germanique étoit le plus grand, le plus belliqueux empire de l'Europe; c'étoit le plus peuplé de cette noblesse qui n'avoit d'étude et d'amusement que la guerre, dont le corps, continuellement exercé, supportoit les fatigues les plus dures et le fardeau d'une armure plus épaisse et plus pesante qu'aucune armure de l'antiquité, et qui, invulnérable sous ce rempart de fer, renversoit et fouloit aux pieds des rangs entiers, sans péril pour elle-même.

Dans ce temps-là, la Lombardie étoit peuplée de marchands, de fabricans, de gens d'art et de métier, rassemblés en communautés dans les villes, et exerçant paisiblement leur industrie, sans aucune science des armes, sans troupes que quelques compagnies irrégulières entretenues plutôt pour la police que pour la défense de la cité.

Ces communautés, fondées sur les terres de l'Empire germanique, s'étoient rendues franches et indépendantes, soit par force, soit par accord; cette franchise étoit leur ressource; car elle nourrissoit leur industrie. Un des princes les plus belliqueux, Frédéric Barberousse, s'arma, en 1154, pour leur ravir leur liberté, et reconquérir sur elles les anciens droits de l'Empire.

Frédéric et les princes ses vassaux conduisirent successivement, du fond de l'Allemagne en Italie, sept armées formidables, au moins un demi-million d'hommes. Après que les six premières expéditions eurent été détruites, après vingt-deux ans d'efforts soutenus, la septième fut battue complétement en 1176, aux portes de la Lombardie (1).

Frédéric II, qui renouvela la guerre, en 1236, vit une seconde fois les forces de l'Em-

---

(1) A *Lignano*, à quinze milles de Milan. Voyez *l'Histoire des républiques italiennes du moyen âge*, par M. Sismonde-Sismondi, tom. II.

pire se briser contre la ligue des bourgeois de la Lombardie.

Ainsi, d'un côté, la nation la plus guerrière de l'Europe; de l'autre, la plus pacifique; d'un côté des chevaliers, de l'autre des marchands, sont aux prises, non pas dans un seul combat, mais dans cent combats, durant l'espace de trente années; les chevaliers ont l'avantage du nombre, et ce sont les marchands qui l'emportent; la *valeur* est dans les marchands.

Ce n'étoient pas des guerriers que ces fabricans flamands qui fondoient, dans le seizième siècle, une république sur des sables, où il leur falloit se défendre chaque jour contre la mer et contre l'Espagne. Ils n'avoient jamais manié que les outils de leur travail ; ils avoient passé leur vie à l'ombre de leurs ateliers; ils n'avoient ni habitude ni science ni passion des armes ; ils étoient donc *foibles d'âme*, comme de corps; et pourtant, l'empire de Charles-Quint, soutenu de tous les trésors des deux Indes, et de la politique de Philippe II; ces bandes militaires qui avoient détruit les forces de la France en Italie, ne prévalurent point contre cette peuplade chétive, qui, loin

de céder à ses tyrans , gagnoit sur eux au contraire , et se nourrissoit de leurs dépouilles.

Sans compter la puissance et les ressources ,
étoit-ce dans la Grande-Bretagne , ou dans
ses colonies d'Amérique, qu'il y avoit en 1769 ,
le plus d'esprit guerrier, d'habitude, de science
des armes ? L'Angleterre venoit de s'essayer,
dans la guerre de sept ans , contre des États
plus redoutables en apparence que les plan-
teurs et les marchands de ses colonies ; et cependant les colonies conquirent et soutinrent
leur liberté.

Lorsque la nation françoise fut attaquée,
en 1792, par une ligue de tous les rois de
l'Europe, qu'étoit-ce que ce peuple françois
qu'on attaquoit ? Ce n'étoit pas le peuple belliqueux, le peuple élevé pour les armes, le
peuple savant dans la guerre ; car ce peuple,
c'étoit la noblesse, et la noblesse n'étoit plus la
nation ; elle étoit au dehors unie à l'ennemi,
ou bien emprisonnée au dedans.

Restoient les hommes de profession civile,
les *bourgeois* ; des négocians , des légistes ,

et ce furent eux qui défendirent le territoire envahi.

Qu'un peuple de soldats, élevé parmi les armes, vivant dans l'Etat comme dans un camp, dont tous les jeux sont des combats, exercé depuis l'enfance à supporter la faim et la fatigue, accoutumé à n'estimer que la victoire et à ne mépriser que les vaincus, se rie d'une multitude inhabile à la guerre, traînée par force à la suite d'un homme, sans nulle passion qui l'excite à combattre; que 3,000 Spartiates fassent trembler 100,000 Perses, cela peut bien se concevoir : cette *valeur* des citoyens de Sparte nous paroît naturellement provenir de leur éducation, de leurs travaux, de leurs mœurs.

Mais qu'une peuplade de négocians et d'artistes, élevés pour le comptoir ou l'atelier, dont la tête a été exercée aux dépens des bras, ou les doigts aux dépens de tout le corps; qui ne sait point souffrir la faim, parce que son travail lui donne à vivre; qui ne connoît de lutte que l'émulation de l'industrie, de but que l'accroissement de ses relations de commerce : que cette peuplade résiste au choc

d'une multitude avide de pillage et de gloire,
vigoureuse, habituée aux dangers, ignorant
tout, hors combattre : que cent mille Allemands
soient arrêtés ou détruits par une poignée de
Milanois ou de Florentins, cela ne se conçoit
plus autant. Cette *valeur* qui contraste si fort
en apparence avec les mœurs et l'éducation,
d'où vient-elle ? d'où vient-elle, sinon de ces
mœurs et de cette éducation même ?

On connoît les vertus de la guerre, on ne
connoît point celles de l'industrie. La passion
de l'indépendance paisible a de quoi tremper
les âmes, aussi bien que la passion de l'indépendance guerrière. D'un citoyen soldat celle-ci
fait un héros; mais l'autre fait davantage, elle
fait un héros d'un citoyen qui n'étoit pas même
soldat.

Le premier sentiment qu'éprouve l'homme
guerrier, l'homme qui se destine à combattre,
c'est qu'il y a d'autres hommes à qui il doit nuire.
Le premier sentiment qu'éprouve l'homme
industrieux, l'homme qui se destine à *produire*, c'est qu'il y a d'autres hommes à qui il
sera utile.

Et de même, la première impression que le guerrier fait sentir à ceux qui l'entourent, c'est le besoin d'échapper à son action, c'est la crainte. La première impression que fait éprouver l'industrieux, c'est le besoin d'avoir part aux fruits de son travail, c'est l'amitié.

De là vient à tous les deux le sentiment de leur force et la confiance dans leur force. Je suis fort, dit le guerrier ; partout les hommes tremblent à mon nom : je suis fort, dit l'industrieux ; partout les hommes embrassent mon intérêt. Personne n'osera m'attaquer, dit l'un ; tous me défendront, dit l'autre (1).

____

(1). Un peuple guerrier peut avoir pour soutiens, ou des compagnons de brigandage, et ceux-là sont tout prêts à tomber sur lui, s'il y a là plus de gain à faire ; ou des sujets, et ceux-là, qui ne le 'servent que par force, sont tout prêts à rompre leurs liens ; ou des mercenaires, et ceux-là sont tout prêts à le quitter pour quiconque voudra payer leur sang plus cher. Le peuple industrieux seul a des amis ; et c'est une force qui ne trompe jamais.

Non exercitus præsidia sunt, verùm amici, quos neque armis cogere, neque auro parare queas. (SALLUSTE)

Nations industrieuses, suivez cette maxime : comptez sur vos amis et non sur des soldats !

Or, c'est cette confiance dans ses forces qui est le principe de la *valeur*; le guerrier peut sentir sa force dans le nombre de ceux qu'il épouvante; l'industrieux, dans le nombre de ceux qu'il intéresse. La *valeur* n'est pas plus étrangère à l'industrieux qu'au guerrier.

Et ce sentiment, principe de la *valeur*, doit être plus vif encore dans celui-là. Un ennemi qui s'élève contre le guerrier lui en suscite d'autres qui se taisoient par crainte d'être seuls, et que l'exemple encourage; un ennemi qui s'élève contre l'industrieux ne lui suscite que des défenseurs; il trouve des amis, comme dit un publiciste, au sein même de ses ennemis (1).

Un seul avantage peut être revendiqué en faveur du militaire, c'est qu'il a deux mobiles pour exciter en lui la *valeur*, l'amour du brigandage ou de la conquête, et l'amour de la liberté; tandis que l'industrieux n'en a qu'un, c'est le dernier.

Il n'y a que l'ignorance même qui puisse

---

(1) M. Benjamin de Constant.

prétendre aujourd'hui que l'industrie est incapable de nourrir l'indépendance. On n'a vu, dans nos temps modernes, la liberté prendre racine que chez des nations industrieuses, en Italie, en Hollande, en Angleterre (1).

---

(1) Dans l'antiquité, on croyoit tout le contraire de ce que nous avançons ici, et des faits tous contraires à ceux que nous citons, venoient confirmer cette façon de penser. En théorie ou quant aux opinions, en pratique ou quant aux faits, la *civilisation* des anciens étoit donc l'opposé de la nôtre : or c'est là précisément ce que nous voulons faire sentir.

Le travail étoit, selon les anciens, la marque et la source de la servitude ; l'oisiveté l'étoit de l'indépendance. « Vous faites un *vice* de la paresse, dit un Lacédémonien dans Plutarque ; sachez donc que c'est » ce *vice* qui fait les hommes libres. » (*Apophtegmes des Lacédémoniens.*)

« C'étoit un des mots de Socrate, que l'oisiveté est » sœur de la liberté ; et il disoit pour preuve, que les » Indiens et les Perses, gens fainéans, étoient braves et » libres, tandis que les Phrygiens et les Lydiens, laborieux et adroits au travail, étoient esclaves. (Ælien, liv. X, chap. XIV.)

Aristote et Cicéron ont pensé la même chose : *Liber non est*, dit le dernier, *qui non aliquando nihil agit.*

Otez aujourd'hui le *travail d'industrie*, ôtez les sciences, les arts, les spéculations à un homme pouvant

Il n'y a que l'ignorance même qui puisse prétendre que la puissance est le partage exclusif des nations guerrières : ce sont, au contraire, les peuples les moins guerriers qui, dans l'Europe moderne, ont exercé le plus d'action et montré le plus de force, à pro-

---

vivre sans ce travail ; que lui reste-t-il pour employer sa vie ? deux objets : ce qu'on appelle *la gloire* et ce qu'on appelle *les honneurs*.

Pour aller à la gloire, il s'enrôlera parmi les agens militaires du pouvoir ; pour aller aux honneurs, il s'enrôlera parmi ses agens civils ; il se fera *instrument :* il perdra sa liberté. Pour atteindre à la gloire, il cherchera la guerre, il la voudra ; il la voudra contre sa nation ; et sa nation a besoin de la paix : pour atteindre aux honneurs, il se joindra au pouvoir, il l'aidera à s'agrandir, à se faire plus sentir à la nation ; et la nation a besoin d'être libre : il cessera d'être citoyen.

Que quiconque veut être aujourd'hui vraiment libre, vraiment citoyen, *travaille.*

Les passe-temps de l'homme oisif, chez les anciens, étoient favorables, au contraire, à ses devoirs de patriote, à ses intérêts d'homme libre. L'Etat demandoit qu'il fût guerrier, et les jeux publics l'exerçoient au courage : il luttoit dans l'amphitéâtre. Pour maintenir la liberté de sa patrie, sa liberté propre, il devoit être fier, dur, tyrannique ; et la vie domestique l'y exerçoit encore : il faisoit fouetter ses esclaves.

1. 2e *Partie.*   7

portion de leurs moyens ; c'est Venise qui affermoit ses guerres au rabais; c'est la Hollande, c'est l'Angleterre qui envoyoit à ses alliés des subsides au lieu d'hommes, et les chargeoit ainsi de tous les combats; c'est l'Amérique, qui long-temps n'a pas eu un vaisseau de guerre. Il est vrai qu'il en arrivoit autrement dans l'antiquité; mais que nous fait l'antiquité? Que nous importent ses exemples, quand nous avons des exemples de notre temps, des exemples domestiques ?

Certes, dans un état de choses où la guerre occupe beaucoup d'hommes et l'industrie un petit nombre, la nation qui produit est nécessairement écrasée, car alors elle ne trouve point d'amis. Mettez un homme riche et industrieux aux prises avec un voleur, au milieu d'un camp de Tartares, qu'arrivera-t-il? Les assistans seront pour le voleur, et le volé sera assailli par cent brigands au lieu d'un. Mais aussi, mettez le même homme aux prises avec le même voleur sur une place de Paris ou de Londres, c'est le voleur, à son tour, qui restera seul, qui sera assailli, renfermé, pendu. Au milieu de peuples guerriers, le peuple industrieux *vaut* moins que le peuple guerrier; au milieu de peuples industrieux, il *vaut* plus, il est le plus fort : comme, dans une nation d'honnêtes gens, l'honnête homme est plus fort que le brigand.

Carthage contre Rome n'a point trouvé d'alliés, d'alliés du moins capables de la défendre ; la Hollande contre l'Espagne a trouvé l'Angleterre. Carthage luttant aujourd'hui, auroit pour elle la plus grande force qu'il y ait au monde, cette force qu'elle avoit contre elle et qui l'a perdue, les mœurs et le génie du siècle.

La destinée de toute puissance, a dit un publiciste (1), dépend de la proportion qu'il y a entre son esprit et son époque : c'est là ce que doivent avoir constamment devant les yeux les nations et ceux qui les conduisent. L'expérience est un bon conseiller ; mais il faut savoir l'interroger, et ne point lui obéir en aveugle : car alors elle nuit au lieu de servir ; au lieu de guider, elle fourvoie. Il y a des temps où, par un retour singulier, ce qui étoit possible cesse de l'être ; où ce qui étoit

---

(1) M. Benjamin de Constant.

sage et utile devient funeste et insensé. Sachons bien connoître quel est l'état de choses où nous sommes, et nous saurons quel esprit, quelles mœurs, quels soins nous conviennent.

Il est vrai que, dans toute l'antiquité, les peuples guerriers ont toujours prévalu contre les peuples industrieux et commerçans, soit qu'ils voulussent leur résister ou les soumettre. Il est vrai encore, que, dans le moyen âge, la même chose s'est reproduite, et que les descendans belliqueux et grossiers des Vandales et des Germains ont repoussé de l'Europe la nation maure, la plus riche, la plus industrieuse, la plus savante de ce temps.

Mais il est vrai aussi, que depuis ce dernier acte de la prééminence guerrière, que depuis les croisades, qui n'en ont été que la suite, cette force nationale qui se manifeste par une grande action ou par une grande résistance, la *valeur*, a été le propre des nations les plus avancées dans l'industrie, et que les peuples guerriers, à leur tour, ont été les vaincus.

Les plus grands exemples de puissance dans chaque siècle, depuis le douzième, sont donnés par des nations commerçantes ; ce sont elles, et non plus les autres, que l'on voit, ainsi que Rome, croître de rien, et grandir au milieu des obstacles, jusqu'à un développement qui étonne.

Au treizième siècle, la fameuse Ligue anséatique se maintient et domine dans le Nord, malgré les princes et les seigneurs, tandis que la Ligue lombarde résiste dans le Midi à toutes les forces de l'Empire.

Au quatorzième siècle, Venise, sans territoire, se place au niveau des premiers États de l'Europe ; elle établit sa suprématie sur l'Italie entière, ce que l'Empire germanique avoit en vain tenté.

Au quinzième siècle, Venise étoit si puissante, qu'elle occupoit seule les yeux de l'Europe, qu'elle étoit le centre de la politique. En 1508, se forma contre elle la Ligue de Cambrai. Jamais, dit Voltaire, tant de rois ne s'étoient unis contre l'ancienne Rome : Venise ne succomba point.

Au seizième siècle, se fonde sur des sables à

demi-submergés la république des Provinces-Unies : à peine établie, elle cesse de résister à l'Espagne et l'attaque ; elle lui enlève ses possessions des grandes Indes.

Au dix-septième siècle, l'Angleterre, par sa révolution, se constitue un État essentiellement commercial : c'est de là que date sa grandeur.

Au dix-huitième siècle, toute cette puissance angloise vient se briser contre des colons révoltés. On sait depuis quel temps existe la république des États-Unis, et quel rôle elle joue à présent.

On pourroit renouer à cette série de faits la France, résistant à tous les Gouvernemens de l'Europe confédérés, et l'Angleterre ensuite, résistant au dernier Gouvernement françois, qui poussoit contre elle seule presque toutes les forces de l'Europe.

CHAPITRE IX.

De l'Esprit guerrier.

—

QUE la nation la plus utile aux autres nations soit la plus libre, la plus riche, la première, voilà le terme où se dirigent les choses. Il y a maintenant assez de faits à la portée de l'examen, assez d'expériences reproduites, pour que la certitude de ce fait universel puisse être universellement reconnue. Il y a donc aujourd'hui une vérité politique comme une vérité physique; il y a donc un signe commun de ralliement, une règle commune de conduite pour les peuples. « L'élévation ou » l'abaissement journalier des eaux de l'Océan » n'ont pas été plus régulièrement assujétis » au cours de l'astre qui nous éclaire durant » la nuit, que le sort de la *liberté* et de *la*

» *puissance , depuis six siècles , aux progrès*
» *de l'industrie et de l'esprit d'industrie* (1). «

Il est vrai que la terre tourne, mais, pour qu'on le croie, il faut être éclairé ; il faut s'être dérobé par la réflexion à l'illusion et au préjugé des sens. Il est vrai qu'une nation prospère de tout ce qu'elle ajoute à la prospérité des autres, et dépérit de ce qu'elle leur fait perdre ; mais, pour reconnoître ici l'évidence, pour y conformer sa conduite, il faut s'être élevé à une hauteur de raison supérieure aux petites vues de l'intérêt mal entendu, à une hauteur de sentiment au-dessus des petites haines, des petites espérances, des petites ambitions qui travaillent les hommes et les peuples ordinaires. Tous les peuples s'avancent vers cette perfection morale, mais lentement, mais d'un pas inégal.

Les plus avancés découvrent déjà quelque chose du but, bien qu'ils soient loin encore de l'apercevoir tout entier. A chaque nouveau progrès, ceux qui voient verront davantage,

---

(1) ROUSSEAU, *Discours sur les sciences et les arts.*

et le nombre des clairvoyans s'augmentera. C'est ainsi que peu à peu disparoîtront toutes les violences, toutes les guerres, fruit du besoin mal éclairé. Si chacun arrive à sentir fortement que le plus utile à tous a le plus d'avantages, que devient l'ambition? Une émulation de bons offices.

C'étoit avec grande raison que les législateurs de l'antiquité interdisoient les arts d'industrie aux citoyens de leurs républiques. L'industrie est l'ennemie de la guerre ; tout ce qu'on gagne en valeur industrielle, on le perd en valeur militaire. Quelques-unes des nations de l'Europe l'ont déjà éprouvé, et peut-être malgré elles. Le premier peuple moderne qui afferma par entreprise ses guerres à des mercenaires, comme les peuples de l'antiquité affermoient à des mercenaires l'entretien de leurs routes, de leurs bâtimens, et tous les travaux de l'intérieur (1), donna en Europe le signal de la dégradation de l'état de guerrier.

____

(1) . . . ædem, . . . flumina, portus ,
Siccandam eluviem..........

JUVÉNAL. *sat.* III.

Dans les États de l'antiquité, la nation faisoit la guerre, c'étoit là son emploi ; elle avoit des machines qui la nourrissoient, qui cultivoient, qui bâtissoient pour elle. Dans les États modernes, le travail des nations, c'est de produire, c'est d'accroître en repos leurs commodités et leurs jouissances ; elles ont des machines qui combattent pour elles (1).

Dans les premiers des États anciens, qui tous étoient militaires, le commerce étoit si méprisé, qu'on y faisoit peu de cas des troupes de mer, parce qu'elles avoient quelque rapport aux expéditions du commerce. Dans les premiers des États modernes, qui tous ont été industrieux et commerçans, on n'a estimé de la profession guerrière, que ce qui avoit quelque rapport à la profession de commerçant ; on n'a estimé que les troupes de mer.

A Rome, on ne destinoit à la marine que ceux qui n'étoient pas assez considérables pour

____

(1) Aristote appelle les gens d'art et de métier des *instrumens nécessaires* ; ce sont des *instrumens* que nos soldats, mais sont-ils bien des *instrumens nécessaires ?*

avoir place dans les légions; les gens de mer étoient ordinairement des affranchis (1). A Venise au contraire, les commandemens de mer étoient les seuls qu'un citoyen distingué voulût exercer; les généraux de terre, c'étoient ces *condottieri*, qui se louoient à la République avec les bandes qu'ils conduisoient.

En Hollande, en Angleterre, on faisoit cas d'un marin, et non d'un soldat (2).

« Autant la Grande-Bretagne, dit un auteur » anglois (3), a surpassé les autres pays de » l'Europe dans le commerce et les arts d'in- » dustrie, autant ses habitans semblent avoir » perdu de leur humeur guerrière et de leur » admiration pour le talent militaire. Hors » ceux qui, par leur naissance, sont encore,

____

(1) *Esprit des lois*, livre XXI, chapitre XIII.

(2) En Angleterre, quand une bouteille a été vidée, on dit assez plaisamment, pour la faire enlever : *Put this land officer beside*, mettez de côté cet officier de terre.

(3) MILLAR's (John) historical view of the English government, vol. IV.

» soumis en quelque sorte au vieil esprit, aux
» vieilles mœurs de la chevalerie, tout le peu-
» ple est à une extrême distance de toute
» idée et de tout sentiment guerrier. A ses
» yeux, la profession des armes est la dernière
» des professions. Lorsque le fils d'un com-
» merçant s'engage dans l'armée, on le plaint
» comme perdu pour tout travail utile et
» honnête; même parmi la noblesse, à moins
» que quelques-uns des fils ne montrent une
» préférence marquée pour la vie militaire,
» c'est seulement ceux qui ont le moins d'ap-
» titude pour les emplois civils, qu'on des-
» tine au service de terre ou de mer. »

Millar écrivoit ainsi avant 1792. Depuis ce temps, il nous faut l'avouer, les choses paroissent avoir bien changé de face. Toutes ces nations qui se déshabituoient de la guerre et des *mœurs guerrières*, ont rétrogradé par un mouvement soudain, et sont revenues à cette politique militaire des anciens, qu'elles réformoient en elles.

Durant les vingt-cinq dernières années, il n'y a pas un État en Europe qui n'ait soutenu plus d'une guerre; pas une nation qui n'ait été armée; pas une qui n'ait fait preuve d'enthousiasme dans son action militaire. ·

Ce sont là des faits, et ces faits semblent contre nous, contre cette tendance des peuples que nous avons signalée, par laquelle ils se défont de l'*esprit guerrier*, à mesure qu'ils avancent en industrie. L'industrie ne s'est point arrêtée dans son progrès, et la guerre s'est réveillée plus furieuse que jamais.

Cette objection peut cependant se résoudre. Les faits sont vrais, mais de quelle valeur sont-ils ? C'est là toute la question; c'est à quoi l'on ne peut répondre qu'en approfondissant les causes.

Tout mouvement commun à une partie de l'espèce humaine, de quelque nature qu'il soit, donne naissance à ces deux questions : S'il est spontané, c'est-à-dire si le principe du mouvement réside dans la masse, qui se meut librement et de son impulsion propre ; s'il est communiqué, c'est-à-dire si le principe du mouvement est au-dehors ; si la masse obéit aveuglément, ou malgré elle, à une force extérieure qui la pousse : en d'autres termes, il ne faut point confondre ensemble l'action d'un nombre d'hommes agissant par sa volonté, son intérêt, ou sa conviction propre, et l'action d'un nombre d'hommes agissant par la volonté de son gouvernement, c'est-à-dire d'un plus petit nombre ayant à part son esprit, son intérêt, son opinion.

Un peuple ou plusieurs peuples ensemble, agissant d'un mouvement spontané, c'est-à dire par leur volonté pure, dans la vue d'un intérêt qui les excite, se dirigeront infailliblement dans le sens de l'esprit humain ; car, dans l'état de commerce mutuel où vivent entre eux les peuples en Europe, la pensée de chacun sur ce qui touche son bien-être, ne peut manquer de dériver de l'exemple ou de l'opinion de ceux qui l'entourent, de l'opinion européenne, de l'opinion du siècle. Toute révolution, quand elle est vraiment nationale, est un élément nécessaire de la grande révolution de l'espèce humaine.

Mais un peuple agissant comme instrument de ceux qui le gouvernent, exerce nécessairement une action qui n'a nul rapport fixe et déterminé avec le cours général des choses ; il agit pour ou contre le cours général des choses, pour ou contre la civilisation, pour ou contre les grands intérêts humains, pour ou contre ses vrais intérêts, selon l'intérêt ou les passions de ce petit nombre qui le dirige.

Cela posé, si, dans le grand mouvement qui a agité l'Europe depuis 1792, il y a des mouvemens purement nationaux contraires à cette direction vers l'esprit de repos allié à l'esprit d'industrie, que nous avons présentée comme la véritable direction où marche l'espèce humaine, le lecteur devra douter; mais si l'on trouve, au contraire, que les nations, quand elles ont agi d'elles-mêmes, ont toujours agi selon cette tendance, il faudra qu'il tombe d'accord avec nous. Quant aux gouvernemens, qu'ils ayent fait marcher pour ou contre cette tendance des troupes d'hommes contraints ou trompés par eux, cela ne peut rien prouver ni pour ni contre nous.

Un régime constitutionnel, un régime libéral, dans le vrai sens moderne de ce mot, n'est autre chose, ainsi que nous l'avons dit, qu'un régime fondé sur l'industrie, *commercial government*, comme l'appelle un auteur anglois (1).

____

(1) MILLAR.

Or c'étoit ce régime commercial, et par cela même pacifique au dehors, que la nation françoise vouloit constituer chez elle par sa révolution en 1789. L'acte public et constitutionnel par lequel le peuple françois déclara qu'il s'interdisoit toute guerre offensive, en est la preuve évidente. Tel étoit le but de la révolution, telle en devoit être la fin.

Contre cette volonté nationale de la France, s'éleva la coalition de Pilnitz. Ce fut une coalition de princes, et seulement de princes. Parmi les sujets même des coalisés, les François eurent des partisans, en Hollande, en Allemagne, en Suisse, en Italie, en Angleterre.

Ici, à l'origine de la scission de l'Europe, à la formation des partis, le signe de ralliement est bien manifeste de part et d'autre ; d'un côté pour la liberté, pour l'industrie, pour la paix, sur qui elles se fondent, est la nation françoise, et avec elle tout ce qu'il y a d'éclairé parmi les autres nations ; de l'autre côté, sont les rois et les armées : puisqu'ils sont dans le parti contraire, leur signal est l'opinion contraire ; ils combattent pour l'arbitraire et pour la *guerre.*

La France, violemment pressée de toutes parts, fut contrainte à une réaction violente. Dans le feu, dans l'action, dans l'orgueil du succès, elle ne sut point se contenir ; elle se jeta hors de la route, elle se fit conquérante. Un gouvernement militaire fut le premier ré-sultat de cet égarement.

Ce que vouloit d'abord la France, c'étoit d'être industrieuse et libre ; pour s'être laissée emporter au plaisir de vaincre, elle devint conquérante et esclave. Le chef de l'armée, devenu chef de l'Etat, fit de l'Etat son camp, et de la nation son armée ; les François, re-jetés incessamment hors de la France par cette force intérieure qui s'étoit créée au centre, fu-rent les brigands de l'Europe (1) ; mais ce n'étoit pas leur volonté qui les dénaturoit ainsi, c'étoit une volonté étrangère : le peuple sain, le peuple éclairé murmuroit, mais il ne résistoit pas.

____

(1) *Raptores orbis.* TACITE, Agricola.

1. 2e *Partie.*   8.

C'étoit à l'Europe de délier la France, comme la France avoit voulu délier l'Europe. On voyoit, comme dans les temps de barbarie, chaque nation rentrer en elle-même, s'isoler, se fortifier, pour sauver son existence menacée; plus de commerce, plus de paix, plus de civilisation.... La cause de la civilisation ligua les peuples de l'Europe contre le gouvernement de la France, en 1814 et en 1815.

Dans ces deux coalitions nationales, les princes ne figurent point comme mobiles; l'impulsion vient des peuples; les nations marchent, les rois suivent. Le mouvement se donne en Allemagne, tandis que Napoléon est encore l'allié de plus d'un Gouvernement d'Allemagne. Au milieu de cette expédition pour la civilisation européenne, ce sont les rois qui ont voulu se modérer, et composer avec l'ennemi; ce ne sont pas les peuples : les peuples ne composent point lorsqu'il s'agit de leur liberté.

Ainsi donc, ce fut pour la liberté, pour l'industrie, pour la paix, pour le régime constitutionnel, qui en est la garantie, que la nation françoise exerça, au commencement, son activité guerrière ; elle fut *guerrière* contre la *guerre.* Ce fut contre la France conquérante malgré elle, contre la France étendant sur ses voisins le joug militaire qu'elle ne pouvoit secouer, contre la *guerre* aussi, que les nations se sont levées en armes.

Ainsi donc, toutes les fois que les peuples ont été librement en action, ce fut toujours en faveur de cet ordre de choses que nous avons signalé comme le vrai but où la civilisation nous conduit. S'il y a eu quelque action contraire, ce ne sont point les nations qui l'ont produite et dirigée.

La civilisation ne s'est donc point démentie : cette direction de l'esprit humain vers un système d'ordre où la paix et les arts paisibles fussent au premier rang, cette direction si manifestement marquée dans le cours des choses depuis six siècles, ne s'est donc nullement arrêtée ; elle s'est continuée au milieu de vingt-cinq années d'activité guerrière ; elle s'est continuée par cette activité même ; car toujours l'un des deux partis n'a combattu que pour elle : elle est aujourd'hui dans sa force.

Qu'on observe en effet l'Europe, qu'on re-

garde quel est à présent l'objet de tous les esprits, quel travail les occupe tous : c'est l'établissement de ce régime où tendoit la Révolution
françoise, où elle vient de se terminer, de ce
régime dont la paix est le fondement et l'essence, du *gouvernement commercial* (1).

Mais, dans les choses humaines, le bien n'arrive jamais pur et sans mélange de maux. Cette
action militaire, deux fois exercée contre la
civilisation, a contraint, la première fois, une
nation seule, la seconde fois toutes les nations
de l'Europe ensemble, à une réaction militaire.
Le besoin éprouvé de la force guerrière, l'habitude des armes dans les peuples devenus soldats par intérêt, l'avantage senti d'une organisation militaire dans le temps qu'on étoit aux
prises, tout cela a laissé des vestiges que le cours
des choses doit effacer, mais qui peuvent retar-
der le cours des choses.

C'est de là que vient l'opinion si fort exagérée maintenant de l'importance des armées et
des établissemens de guerre; de là vient que,

-----

(1) *Voyez* Chap. V.

dans les Etats où le gouvernement a tout pouvoir, une grande partie du peuple reste enrôlée, et que, dans les Etats les plus libres, les gouvernemens entretiennent encore des forces énormes, sous le prétexte de n'être point inégaux.

Et les Gouvernemens pensent sans doute tirer un grand parti de cette nécessité factice (1) ?

Mais les nations dont la guerre et les soldats ruinent la liberté et épuisent la substance , les nations qui se souviennent que, si deux fois elles ont dû s'arracher à leurs travaux, à leurs loisirs, à leur patrie, et s'armer, comme les barbares, des instrumens de la destruction, c'est qu'elles avoient à repousser la guerre et les soldats : les nations industrieuses, les nations sages, les nations libres, que feront-elles ?.....

_____

(1) Que de machines de déception ne sont pas mises en jeu pour fermer l'oreille des peuples à la voix de la raison, qui leur crie : Est-ce la liberté que vous voulez ? faites que les autres soient libres. Est-ce la richesse ? soyez industrieux et faites que les autres le deviennent. Est-ce la force ? soyez utiles à beaucoup d'autres. Est-ce la gloire ? rendez de grands services au monde.

CHAPITRE X.

De l'Esclavage moderne.

———

Il y avoit dans les États de l'antiquité une classe d'hommes qui étoient un objet de commerce, qui ne pouvoient disposer de leur corps et quitter, à leur volonté, le lieu où ils étoient fixés; à qui il étoit interdit de contracter de soi-même aucune obligation civile, de faire un testament, de se marier; qui étoient jugés sans formes et condamnés sans appel. Ces gens s'appeloient des *esclaves.*

Il y a maintenant dans tous les Etats une classe d'hommes qu'on achète et qu'on vend; qui ne peuvent disposer de leur corps ni s'éloigner d'un lieu assigné; qui ne peuvent, de leur seule volonté, se marier; qui sont jugés sans formes et condamnés sans appel : quel nom donnera t-on à ces hommes, autre que le nom d'*esclaves* ?

Chez les anciens, il y avoit des grades parmi les *esclaves* ; il y avoit le régent de la bande, *servus actor*, puis les inspecteurs, les surveillans, qui donnoient des ordres arbitraires à tout ce qui étoit au-dessous d'eux, et obéissoient aux ordres arbitraires de tout ce qui étoit au-dessus ; cela faisoit des degrés dans la servitude, selon le degré du commandement. Le chef suprême des *esclaves* étoit le moins *esclave* de tous, mais il étoit encore *esclave*... au-dessus de lui, étoit le maître.

Il y a de même aujourd'hui des grades et des rangs parmi les *esclaves ;* il y a des commandans en chef, des commandans subalternes, tous plus ou moins esclaves, selon leur grade ; et de même, au plus haut degré de cette hiérarchie, on ne trouve aussi que le moindre degré d'*esclavage*, mais toujours l'*esclavage* : au-dessus, est le maître.

Chèz les anciens, un *esclave* pouvoit sortir de la condition d'esclave, et entrer dans la vie civile, avec l'autorisation et sauf le bon plaisir du maître. Chez nous, les *esclaves* peuvent aussi rentrer dans la condition civile, pourvu que le maître y consente. Autrefois, les esclaves d'un haut rang, les *esclaves en grade*, avoient, à cet égard, plus de facilités que les autres ; aujourd'hui, c'est aussi la même chose.

La morale des hommes suit leur condition. La vertu des *esclaves*, c'est d'être dévoués au maître, c'est de le servir contre qui que ce soit et aux dépens de la vie. Tel étoit le plus haut degré de la vertu dans les *esclaves* anciens, et cela rendoit souvent les maîtres dangereux à la liberté d'autrui. Telle est aussi la vertu la plus haute aux yeux des *esclaves* modernes, et cela, de même qu'autrefois, rend leurs maîtres fort à craindre.

Le dévouement n'est pas le propre de l'*esclave;* l'homme libre se dévoue aussi ; mais l'*esclave* se dévoue à ses maîtres, le citoyen à ses égaux ; le premier à ceux dont il veut gagner la faveur ; le second, à des hommes dont il ne prétend rien.

La même condition qu'on appeloit l'*esclavage*, dans l'antiquité, se retrouve, dans les États modernes, avec toutes les particularités qui en faisoient le caractère. L'*esclavage* subsiste donc. *L'esclavage* subsiste comme dans l'antiquité, mais ce n'est plus la même espèce d'hommes qui est *esclave*.

Être *esclave*, c'est vivre sous l'arbitraire, au sein d'une société d'hommes qui vivent sous des lois.

On sait quels hommes étoient *esclaves* chez les anciens ; c'étoient les hommes de métier et de commerce, tous ceux qui professoient l'industrie paisible. Il suffit de regarder autour de soi, pour voir qui sont maintenant les *esclaves* ; ce sont les hommes militaires, tous ceux qui professent l'industrie ennemie de l'industrie paisible.

CHAPITRE XI.

De l'Honneur national.

———

Ce que l'homme tient le plus à *honneur*, c'est sa force. La force qu'il sent en lui la première, celle dont les organes se développent d'abord, est la force physique ; c'est de cette espèce de force qu'il aime aussi à se prévaloir d'abord, c'est en elle qu'il met d'abord son *honneur*.

Dans un âge plus avancé, une autre force se développe, la force morale ; c'est de cette force alors que l'homme s'enorgueillit, il aime surtout à paroître habile.

« Si je voulois me vanter de quelque chose, » disoit un prince tartare, c'est de cette sagesse » que j'ai reçue de Dieu, et de mon talent d'é-

» cI ire (1). » Celui qui parloit ainsi à cinquante ans , auroit dit, vingt ans plus tôt : « Je remer- » cie Dieu de cette vigueur qu'il m'a donnée, » et de mon talent à dresser un cheval et à » manier la lance. »

Ce qui est vrai des hommes est vrai des peuples ; en eux, se développe d'abord la force physique ; leurs grands hommes sont des héros, et eux, ils sont soldats. Plus tard, leurs grands hommes sont des sages, et eux, ils sont indus- trieux.

C'est à ces traits qu'il faut juger de l'âge d'un peuple : la Russie n'a produit que des gens de guerre, la Russie est encore dans l'enfance.

Toutes les nations de l'Europe n'ont long- temps tiré vanité que de leurs généraux et de leurs victoires ; c'étoit là ce que chacune en- voit aux autres. L'Espagne auroit acheté de tout ce qu'elle avoit *l'honneur* d'avoir produit

---

(1) FERGUSSON , *Essai sur l'histoire de la société civile.*

Bayard, et la France *l'honneur* de la journée de Pavie. Aujourd'hui, si un peuple envie quelque chose au peuple anglois, ce n'est ni son général, ni sa victoire de Vaterloo; c'est sa liberté, son industrie, les grands hommes d'État, les grands savans qui sont sortis de lui; c'est là qu'est *l'honneur* d'une nation mûre, *l'honneur* d'une nation d'hommes faits.

Lutter de corps, c'est le propre des enfans, ou bien des hommes qui restent enfans malgré l'âge. Les hommes formés, les hommes vraiment hommes, ne luttent que des forces de l'esprit.

Les nations de l'Europe sont maintenant à l'âge d'homme; toute lutte corporelle n'est plus pour elles un exercice; leur *honneur* n'est plus dans leurs bras.

Les objets présens de dispute, de concurrence, d'ambition, de gloire, au lieu d'un peu de fumée à payer de beaucoup de sang, ce sont tous les biens de l'humanité à produire au sein de la paix; nos facultés à perfectionner, nos sciences à agrandir, nos jouissances à multiplier. Les peuples doivent désormais placer là tout leur *honneur*.

C'est par l'émulation que se développent les plus nobles facultés de notre nature ; que l'émulation ne cesse point d'agir et d'exciter les hommes ; mais ce n'est plus par des coups d'épée qu'elle doit se signaler ; une nouvelle arène est ouverte où les combats sont sans violence et la lutte sans danger.

Loin que ces rivalités paisibles aient rien de commun avec le tumulte des armes et la fureur des guerriers, l'aspect seul des guerriers est importun ; plus on les tiendra éloignés, plus les efforts qu'ils gênent seront grands et utiles. Si les nations de l'Europe ont encore à faire la guerre, c'est pour bannir la guerre du sein de l'Europe.

Un jour que le Sénat de Rome étoit divisé sur l'une des plus hautes questions d'État, et que chaque orateur déployoit son énergie pour faire triompher son éloquence et son parti, deux gladiateurs se battoient à la porte pour l'*honneur* et pour un dîner. Ces braves, entendant la dispute, crurent le Sénat disposé à se battre ; chacun d'eux, aussitôt, s'élance au milieu de la salle, voulant prendre parti dans l'assemblée, et vider ainsi les deux querelles à la fois. A leur aspect, la discussion s'arrête, et le Sénat, tout d'une voix, ordonne aux licteurs dé chasser plus loin ces misérables.

CHAPITRE XII.

Du Bonheur national.

———

Donnez au chasseur le gibier, au joueur l'argent, afin que l'un n'ait plus besoin de fatiguer son corps, l'autre de tourmenter son âme, tous deux riront de ce bon office; l'un remettra sa fortune au hasard, pour être encore inquiet et agité, l'autre lâchera le cerf dans la plaine, pour avoir encore des fatigues.

Ce que nous appelons plaisir, ce que nous appelons peine, n'occupe dans la vie qu'un bien petit espace. Inventer, exécuter, diriger, poursuivre, attendre, réfléchir : voilà où la plus grande part s'emploie. Le mouvement est bien plus important pour nous que la jouissance qui en est l'objet, et l'oisiveté un mal bien plus réel que la douleur qu'elle prétend fuir. Être *heureux*, pour l'homme, c'est d'abord agir, et puis jouir.

Dans le travail de la combinaison d'un plan, dans le travail de l'exécution, nous avons le sentiment de nos forces, nous les sentons se développer, nous jouissons de nous-mêmes; et c'est là sans doute la plus grande des jouissances : cette jouissance finit au repos, elle renaît avec l'activité; aussi le repos n'est-il désiré presque toujours que pour réparer nos forces trop tôt épuisées.

L'activité de l'homme, de même que ses dispositions intérieures, est ou personnelle ou sociale : l'activité personnelle n'a de rapport qu'à nous seuls; l'activité sociale se rapporte à un cercle plus ou moins grand de nos semblables. La première s'exerce sur des intérêts étroits et bornés, les seuls intérêts individuels; l'autre embrasse des intérêts étrangers, qu'elle mêle et confond avec ceux-ci.

Il est remarquable que ce soit l'activité personnelle, celle qui touche le plus intimement à notre intérêt propre, qui nous procure le moins de *bonheur*; nous le sentons si bien, que c'est la tendance habituelle de notre nature d'aspirer à l'activité sociale. Les affaires privées ne sont du goût que de ceux qui ne se reconnoissent point le talent de s'élever au-delà. Le désir des emplois n'est que le désir d'exercer nos facultés sur un plus grand théâtre, d'avoir à régler des intérêts plus étendus que les intérêts personnels , de faire en quelque sorte de notre intérêt privé l'intérêt commun de beaucoup d'hommes.

C'est ce plaisir d'être occupé à de grandes affaires, d'être actif dans de grandes opérations, d'être engagé dans de grands mouvemens, qui fait rechercher avec tant d'ardeur les postes les plus pénibles dans les États. Le profit des charges, si le travail étoit une peine, ne seroit pas suffisant pour y attirer; mais c'est le travail aussi qu'on désire: le travail ne rapporteroit rien, il faudroit l'acheter même, qu'il y auroit peut-être autant d'hommes empressés à l'obtenir.

Les citoyens des États républicains de l'antiquité n'étoient si jaloux de leurs droits de membres actifs de l'État, que parce que ces droits étoient pour eux la plus grande source de *bonheur*. Ils les achetoient au prix de tout

I. 2e *Partie*. 9

ce qu'on appelle des jouissances dans la vie privée (1). Que vouloit dire ce Lacédémonien lorsqu'il répondoit au Satrape qui lui étaloit son luxe et sa mollesse : « Va ! tu ne connois pas nos plaisirs ? »

Plus la sphère où l'on agit s'étend, plus le plaisir de l'action est vif. Être le mobile de tous les mouvemens d'une grande masse d'hommes, avoir en main tous leurs intérêts, ne rien faire, ne rien penser qui ne porte coup au loin autour de soi, c'est là le grand attrait du pouvoir; c'est à cause de cet attrait que la

––––––––––––

(1) Il n'y avoit pour un Spartiate *ni propriete ni liberté personnelle*. Écoutons Plutarque : « Un chacun
» commandoit non-seulement à ses propres enfans, à
» ses propres serviteurs, et disposoit de ses propres
» biens; ains aussi à ceux de son voisin, ne plus ne
» moins qu'aux siens propres, et s'en servoit comme
» de choses communes entre eulx. Et il falloit que les
» jeunes gens révérassent non-seulement leurs pères et
» se rendissent subjects à eulx; ains aussi à tous autres
» vieilles gens. Et si un enfant, ayant esté chastié par
» un autre, l'alloit rapporter à son père, c'estoit honte
» au père s'il ne lui donnoit encore d'autres coups. »
. . . . « Il leur estoit interdict de voyager en
» pays estrangier. » (PLUTARQUE, *Sommaire des Insti*
tutions des Lacédémoniens, trad. d'Amyot.)

place de ministre est si enviée, et qu'on a jugé
à propos de rendre celle de roi inaccessible.

L'action de l'homme public, dans un État,
s'arrête aux bornes de l'État ; l'action du philosophe, du savant, de l'artiste, ne s'arrête
qu'aux bornes de la civilisation humaine. Ceux
dont le sentiment continuel est que l'opinion
qu'ils professent doit former l'opinion de quiconque pense dans le monde ; que les passions
qu'ils éprouvent et qu'ils peignent parlent à
l'âme de quiconque est capable de sentir ; que
leurs découvertes font naître pour tout le genre
humain et des besoins et des jouissances nouvelles, ceux - là sont sans doute de tous les
hommes ceux qui trouvent le plus de *bonheur*
dans leur travail. Combien aussi ces sortes de
travaux, ces sortes de postes ne font ils pas de
jaloux ? Mais on n'a pas besoin d'en défendre
les approches,

> . . . . *pauci,*
> *Dis geniti, potuére.*

Les poëtes se disoient autrefois plus grands
que les princes, et les premiers après les dieux ;
cet orgueil qu'on a vu souvent se reproduire

dans les hommes livrés aux travaux de l'intelli-
gence, n'est autre chose que l'expression de ce
contentement de soi-même, de ce sentiment de
force personnelle qu'éprouve un esprit qui se
sent en relation avec tous les esprits, une âme
qui agit sur toutes les âmes. La sphère de
l'homme privé, c'est sa famille; la sphère de
l'homme public , c'est l'État; la sphère du
philosophe , c'est l'Univers: ne comparez
rien à son *bonheur*, s'il sait l'apprécier et en
jouir.

Autrefois cette noble jouissance n'étoit per-
mise qu'à ceux qui se livroient aux spéculations de l'esprit; eux seuls pouvoient servir à
la fois l'intérêt du monde entier, l'intérêt de
tous les peuples avec l'intérêt de la patrie. Il
n'en étoit pas ainsi pour l'homme public, pour
le citoyen : tout ce qu'il faisoit pour sa nation, il le faisoit contre toutes les autres; son
âme étoit par nécessité rétrécie, ses vues bor-
nées, son *bonheur* limité par les bornes de son
pays: il lui falloit que la patrie s'étendît, car,
hors de la patrie, il n'y avoit plus d'hommes
pour lui.

Étendre la patrie, en poser si loin les frontières, qu'on ne trouvât partout que des concitoyens, c'étoit là sans doute qu'aspiroient les âmes nobles de la république romaine, en voulant conquérir le monde (1). Mais, par combien de sentimens pénibles ne falloit-il pas qu'ils achetassent ce plaisir d'être en relation avec plus d'hommes ! Il leur falloit vaincre ceux à qui ils vouloient se faire entendre, à qui ils vouloient rendre communes leurs lumières et leurs vertus ; il falloit les vaincre, leur imposer le poids de cette terrible maxime, *væ victis !* (2)

---

(1) « Son dessein n'estoit pas de courir et fourrager
» l'Asie comme feroit un capitaine de larrons ains
» estoit sa volonté de rendre toute la terre habitable
» subjecte à mesme raison, et tous les hommes citoyens
» d'une mesme police. »

Telles étoient, selon Plutarque, les vues d'Alexandre, et l'objet de ses expéditions guerrières.

Ce fut un genre de gloire que les empereurs romains affectèrent, que de donner des citoyens à la *république*, en même temps que des sujets à l'Etat. On a trouvé des médailles frappées en l'honneur d'Antonin, avec le titre d'AMPLIATOR CIVIUM.

(2) *Malheur aux vaincus !*

Le citoyen industrieux n'a pas besoin, s'il jette les yeux hors de sa nation, de trouver des vaincus pour trouver des concitoyens; il en trouve par-tout où il y a des hommes industrieux comme lui. Que l'homme d'état ne craigne pas désormais d'agrandir ses vues et son âme, qu'il ne craigne pas que son *bonheur* s'accorde mal avec son devoir; le bien de sa patrie est le bien de l'Europe, le bien de l'Europe est le bien de sa patrie.

Tout ce qui se produit de richesse et de liberté au-dedans d'une nation, est gagné pour celles qui l'entourent; tout ce qui s'en produit autour d'elle, est gagné pour elle-même. Citoyens, travaillez pour le monde, le monde travaille pour vous.

Vos armes, ce sont les arts et le commerce; vos victoires, ce sont leurs progrès; votre patriotisme, c'est la bienveillance et non la haine. Voulez-vous joindre à ces vertus douces les vertus fortes et mâles auxquelles le Lacédémonien se formoit en combattant? O citoyens! vous avez des ennemis, des ennemis plus acharnés que les Perses, L'IGNORANCE et ceux qu'elle fait vivre.

F I N.

TABLE

DES CHAPITRES.

—

(136)

Ce premier volume sera terminé par un second morceau de FINANCES*, où l'on examinera les diverses opinions émises sur le* BUDGET.

De l'imp. de CELLOT, rue des Grands-Augustins, n° 9

AVANT-PROPOS.

*Aperçu rapide de la marche que l'adminis-
tration des finances a suivie en France
depuis Charlemagne. Avantage que le gouvernement retire dans l'état actuel de la
civilisation et des lumières, de la publicité
donnée aux budjets, aux comptes de recette
et de dépense, et à toutes les mesures financières qui ont pour objet de lui procurer
des ressources, ou de rendre disponibles
celles qu'il a. Nécessité de cette publicité
pour rendre un budjet populaire, autant
qu'il peut l'être.*

LE premier budjet, dont les annales financières fassent mention, est celui de Charlemagne, qu'on trouve dans les *Capitularia Caroli
Magni regis Francorum*, et dont les principales
ressources étoient les revenus que le prince
tiroit de ses domaines, parmi lesquels il compte
nommément les poules et œufs de sa basse-cour,
les navets et carottes, et toutes les plantes

1. 3º *Partie.* 1

et fines herbes de ses jardins potagers (1).
Quel intervalle immense entre ce budjet et celui

---

(1) *Note.* Extraits du *Capitulare de villis Caroli Magni.*

XXXIX. *Volumus, ut pullos et ova, quos servien-tes vel mansuarii reddunt, per singulos annos recipere debeant; et quando non servierint, ipsos venundare faciant.*

XLIV. *De quadragesimali duæ partes ad sectam* +++ *de leguminibus quoque et de piscato, seu formatico, butyro, melle, synape, aceto, milio, panicio, herbulis siccas vel virides, radices, napos insuper et cæceram, ma. sec. vel saponem, atque cætera minutia. Et quod reliquum fuerit nobis per brevem, sicut suprà diximus, innotescant, et nullateniùs hoc prætermittant, sicut usquè nunc fecerunt, quia per illas duas partes volumus cognoscere de illâ tertiâ quæ remansit.*

LXX. *Volumus quod in horto omnes herbas ha-beant, id est, lilium, rosas, fœnigræcum, costum, sal-viam, rutam, abrotanum, cucumeres, pepones, cu-curbitas, faseolum, cuminum,* etc. Viennent successi vement les noms de soixante-treize herbes et plantes parmi lesquelles le cerfeuil et le persil, le thym et le romarin, qui forment un *herbarium culinarium,* ou un herbier de cuisine complet.

Voilà, dira-t-on, un budjet et un oyant-compte bien minutieux, qui devoit faire le tourment des comptables ou rendans-compte de son temps. Mais il faut observer

de 1816, dans lequel cent cinquante mille hectares de bois figurent comme un hors-d'œuvre
dans le menu d'un dîner à trois services. Ce
fait seul. ne suffiroit-il pas pour prouver que
les hommes et les choses ne sont plus, et
ne peuvent plus être aujourd'hui, *sicut erant
à principio ?* La seule chose qui, dans le budjet cité, ait quelque analogie avec ce que nous
avons entendu objecter lors de la dernière session contre la vente d'une partie des forêts
nationales, est la frayeur qu'avoit déjà Charlemagne de son temps (il y a maintenant
mille ans passés), que la France ne gelât de
froid; et cependant, à cette époque, Paris ne
renfermoit pas le quart des habitans qu'il con-

---

que ce budjet a été fait *Aquisgrani* à Aix-la-Chapelle en
Germanie, pays où l'énumération scrupuleuse de tous
les *items* qui peuvent entrer dans un compte ou récit,
paroît avoir été de tout temps une qualité innée des habitans. En effet, à défaut d'autres documens histori-
ques, les soixante-dix articles ou paragraphes, dont ce
fameux capitulaire est composé, suffiroient pour prouver que l'empereur, qui l'a dicté en gros, et le secré-
taire de ses commandemens, le savant Eginhard, qui en
a rédigé et mis par écrit les détails, étoient deux allemands.

tient aujourd'hui , et le quartier du Palais-
Royal étoit un assez joli bois. Cette crainte du
froid futur , à l'aide de laquelle nous avons vu
des orateurs et écrivains s'efforcer de fairegre-
lotter d'avance les générations actuelles du froid
qu'éprouveront nos arrière-neveux , est encore
du nombre de ces précautions inutiles qui font
le tourment journalier de beaucoup de gouver-
nans et de gouvernés, d'administrateurs et d'ad-
ministrés !!! Heureux s'ils pouvoient se rassurer
sur l'avenir , avec le même sang-froid que Fon-
tenelle se tranquillisoit sur les effets du café que
quelques-uns de ses amis lui représentoient
comme un poison lent. Lent il est sans doute, ré-
pondit-il, car il y a soixante ans que j'en prends.

Du reste, aucune analogie, aucun point
de comparaison entre l'administration des finances de ce temps, et celle du nôtre. Le prince
avoit, pour pourvoir aux dépenses de sa maison, le revenu de son domaine particulier ou
de ses terres à lui, dont la majeure partie lui
étoit fournie en nature; et, quant aux dépenses de la guerre, les grands vassaux de la couronne y pourvoyoient en amenant chacun les
troupes que leur fournissoient les vassaux du
second et troisième ordre, qui vivoient aux
dépens des habitans du pays où elles étoient

cantonnées. Le ministre des finances d'alors étoit le maître d'hôtel du prince, ou au plus l'intendant de sa maison, celui qui étoit chargé de son terrier.

La même chose avoit encore lieu sous les premiers rois de la troisième race. Seulement ils avoient successivement ajouté au produit de leurs domaines quelques droits d'entrée et de sortie aux frontières du royaume, joints au casuel des bénéfices ecclésiastiques vacans et des justices royales. Peu à peu furent levées des taxes assises arbitrairement sur les personnes ou sur les denrées, suivant le besoin et les circonstances; mais toutes étoient temporaires. Pour la honte de ces temps, il faut ajouter les bénéfices ruineux que plusieurs princes se permirent en altérant les espèces, ou, pour parler franchement, en fabriquant de la fausse monnoie.

Successivement on vit naître des impôts plus ou moins permanens, et lorsque leur produit ne suffisoit pas, on y ajoutoit le produit d'emprunts faits à des taux d'intérêt excessivement onéreux, dont le gouvernement se dédommageoit ensuite par une réduction ou banqueroute. Pour augmenter le nombre des prêteurs, on créa des offices ou charges, sur les titulaires desquels on levoit ensuite *des em-prunts forcés* en leur demandant un supplé-ment de prix. De temps à autre, le ministre des finances suppléoit au *déficit*, tantôt en renvoyant le paiement des créances exigibles d'année en année, jusqu'à ce qu'on les eût con-verties en rentes basées sur le vil prix auquel ces créances se vendoient sur la place, tantôt en haussant ou baissant arbitrairement la va-leur des espèces courantes, suivant qu'il le croyoit avantageux au fisc. Vouloir rendre populaires de pareilles mesures financières eût été non-seulement chose inutile, mais impos-sible.

Ce n'est que sous le règne de Henri IV, pen-dant l'administration de Sully, qu'on vit s'é-tablir momentanément un système de finances assez régulier pour ces temps, et qui, tout en réduisant arbitrairement d'anciens engage-mens, sous prétexte de fraude et d'usure, an-nonçoit au moins la volonté ferme du gouver-nement de tenir, *pour l'avenir*, ses propres en-gagemens et tous ceux qu'il avoit sanctionnés après la révision ou épuration de l'arriéré des administrations précédentes. Mais quoique le roi et son ministre fussent essentiellement les amis du peuple, et que toutes leurs mesures

financières, même celles qu'on blâme avec raison aujourd'hui, eussent cette excellente qualité pour origine et motif, ils n'auroient pu,
avec la meilleure volonté du monde, rendre
populaire un budjet aux yeux d'une nation
dont les neuf dixièmes, loin de pouvoir cal-
culer, ne savoient ni lire ni écrire.

Après le règne de Henri IV et la retraite de
Sully, le désordre s'introduisit de nouveau dans
les finances jusqu'à l'administration de Colbert, après la mort duquel elles retombèrent
dans un chaos toujours croissant jusqu'à la
banqueroute de Laws qui termina cette espèce
de tragédie, dont les curieux peuvent lire les
scènes déplorables, les *actes et entre actes*
dans Forbonnais, et encore mieux dans l'ou-
vrage que M. Hennet vient de publier sous
le titre de *Théorie du crédit public*, quoiqu'il ait été écrit dans toute une autre vue.

Un système financier qui n'avoit pour objet
que de fournir, à l'aide des impôts, des anticipations et des créations de charges inutiles,
des ressources pour des guerres ruineuses et
souvent injustes (et tel fût le système financier sous tout le règne de Louis XIV), ne
pouvoit être rendu populaire, et quand c'eût

été l'intention du ministre de le rendre tel, le caractère personnel du roi ne lui auroit pas permis de la remplir. Je doute fort même que cela fût conforme au génie du dix-septième siècle, où la noblesse, le haut clergé et les parlemens étoient les seuls corps qui eussent quelque part à l'administration, puisque cent ans après nous voyons encore la majorité de ces mêmes corps blâmer l'administration de Turgot et de son successeur Necker qui, quoique avec des systèmes bien différens, avoient tous les deux pour but de rendre leur système financier populaire.

Sous le règne de Louis XV, une longue paix, jointe à l'administration sage et économique du cardinal Fleury, exigea, pendant long-temps, peu ou point d'augmentation dans les impôts, en sorte qu'il pouvoit paroître superflu de chercher la popularité pour ces mesures financières qui ne sortoient guère de la sphère circonscrite des recettes et dépenses ordinaires. L'opinion publique, d'ailleurs, n'étoit pas encore assez éclairée pour y attacher quelque prix, et l'on en trouve une preuve dans la banqueroute scandaleuse que fit, vingt ans après la mort du cardinal Fleury, l'abbé Terray. Il la fit pour ainsi dire *in petto*,

et en fut quitte pour des quolibets et des chan-
sons.

Ce ne fut qu'à l'avénement de l'infortuné
Louis XVI, et sous le ministère de Turgot,
que la liberté de la presse moins restreinte
fit naître, ou plutôt répandit plusieurs ou-
vrages sur l'administration et les finances ,
qui en fixant l'attention du public sur cette
matière importante, firent sentir au Gouvernement qu'il ne suffisoit pas qu'un impôt
ou une mesure financière fût bonne, mais
qu'il falloit encore qu'elle fût populaire pour
avoir du succès. C'est à cette idée, parfaitement juste, grande et généreuse à la fois,
qu'on doit le compte rendu de M. Necker,
le premier ministre qui ait daigné mettre le
public dans la confidence des recettes et dépenses. Cet essai, quoique très-imparfait, et
qui mérite à peine le nom de compte, rendit
tellement populaire ce ministre, aujourd'hui
tant décrié par ceux même qui alors l'élevè-
rent aux nues, qu'une cour souveraine, voulant lui donner un témoignage public de son
estime, après qu'il fut sorti du ministère,
ordonna, par un arrêt, que son traité sur
l'administration des finances fût déposé dans
ses archives.

Avec la révolution vinrent d'abord des lois et un système financier populaires qui, malheureusement, furent bientôt suivis de lois populacières, ce qui est très-différent. Arrêtons-nous ici un moment.

Telles sont les réflexions que fait naître une lecture superficielle de notre histoire financière avant la révolution. Mais en les méditant davantage, et en combinant cette histoire avec celle des changemens importans qui se sont opérés dans les rapports des différentes classes de la société, et dans la formation et distribution des richesses et des lumières, on s'élève successivement à un ordre d'idées bien plus élevé.

Les propriétés foncières, autrefois la principale, et pour ainsi dire la seule richesse importante sous le régime féodal, ont eu successivement pour concurrens une masse énorme de richesses mobiliaires, consistant en capitaux réels de toute espèce, argent, denrées et marchandises accumulées, ainsi qu'en créances particulières et sur l'état, qui ne sont autre chose que des parts que les créanciers ont dans la propriété ou le revenu de leurs débiteurs, que ceux-ci soient des particuliers isolés, ou l'état, composé de la masse des contribuables. Ces richesses mobiliaires se sont naturellement

formées avec les progrès de la civilisation,
des lumières, de l'ordre, de la confiance et
de la morale publique, qui ont favorisé le
travail qui produit les richesses, et l'économie qui les conserve et accumule. Par une
conséquence nécessaire de ce changement,
les propriétés foncières, tout en augmentant
considérablement en valeur absolue, ont perdu
de leur valeur relative, et les propriétaires
ont perdu proportionnellement de leur considération et importance relatives. Sous le régime féodal toutes les propriétés foncières
un peu considérables, appartenoient exclusivement à la noblesse et au haut clergé ; l'accroissement des richesses mobiliaires et de leur
valeur relative a fait passer successivement
beaucoup de ces propriétés dans les mains de
particuliers riches, qui n'appartenoient à aucun de ces ordres. Un grand nombre même
des terres nobles et ecclésiastiques ont été hy-
pothéquées à des roturiers qui pouvoient, jusqu'à un certain point, être considérés comme
copropriétaires. C'est ainsi que l'industrie est
entrée en partage de considération et d'importance avec la propriété foncière ; c'est ainsi
que le tiers-état, appelé par les princes, qui
avoient besoin de son appui et de son secours

en argent, a formé un troisième ordre, dans l'Etat; car c'est par les finances que les communes sont entrées dans l'administration publique.

En parlant de l'accroissement des richesses et des capitaux mobiliaires, je l'ai attribué principalement à l'industrie. En effet, il n'y a guère que les hommes industrieux, soit commerçans, soit manufacturiers, soit cultivateurs qui réunissent les deux qualités essentielles pour former les richesses et les conserver, je veux dire le goût du travail, et l'amour de l'économie et de l'ordre. Les propriétaires fonciers, bien moins économes par caractère, passant une grande partie de l'année dans les villes à s'amuser et à dépenser le revenu de leurs terres, empruntant même souvent pour satisfaire des goûts ruineux, accumulent rarement des richesses mobiliaires, fruits de l'économie et du travail. Cette remarque est vraie surtout pour les temps du régime féodal, et même pour tous les temps antérieurs de vingt ans à la révolution, lorsque les grands propriétaires, la plupart de l'ordre de la noblesse, auroient cru déroger en se mettant à la tête d'un établissement de commerce ou d'industrie manufacturière, et où l'économie même étoit regardée méséante dans un gentilhomme qui devoit manger noblement son argent.

Aux hommes vivant actuellement du produit de leur industrie, il faut joindre les rentiers et capitalistes qui vivent du revenu qu'ils se sont formé par leur industrie et économie dans leur jeunesse, ou que leurs pères leur ont laissé après l'avoir acquis par les mêmes moyens. Ces gens sont essentiellement économes, autrement ils ne seroient pas rentiers.

Les possesseurs de richesses mobiliaires, qui ont dans leur dépendance tous les ouvriers et artisans qu'ils emploient, formant bientôt la grande majorité de la population, ont dû nécessairement acquérir assez de considération et de poids auprès du gouvernement, et de ceux surtout qui étoient à la tête des finances, pour qu'un ministre habile et prudent évitât de heurter de front leurs opinions et même leurs intérêts; et c'est ainsi que la popularité est devenue graduellement une condition plus ou moins essentielle pour le succès d'une mesure financière. Elle devint indispensable même lorsque le ministre des finances avoit besoin d'une avance de fonds sur les rentrées futures.

Avant que le crédit public entrât comme élément dans le système financier, le gouvernement ne savoit guère se procurer ces avances que par l'intermédiaire des traitans qui souvent lui avançoient son propre argent, ou le produit même déjà encaissé des impôts et autres revenus publics. L'administration des finances étoit alors dans la dépendance des traitans avec lesquels le contrôleur général faisoit ce que, dans le style financier de ces temps, on appeloit des affaires extraordinaires, et qui, assez généralement, étoient vraiment extraordinaires. Quelque vicieuse que fût cette manière d'emprunter, ou plutôt d'anticiper sur les revenus, elle s'améliora comme toutes les autres institutions avec le laps du temps, et avec le progrès des lumières qui forcèrent le gouvernement à mettre plus d'ordre et de régularité dans la comptabilité des deniers publics, à ne pas violer trop grossièrement ses engagemens, ce qui, graduellement, lui dut procurer plus de ressources et de crédit, et le dispenser d'emprunter à la petite semaine, des usuriers. Les traitans eux-mêmes devinrent graduellement plus honorables et plus riches; possesseurs de forts capitaux, ils pouvoient se contenter d'un moindre bénéfice, et donner de la publicité à leurs traités. Avant le ministère de Fleury c'étoient des particuhers, parmi lesquels le plus honorable étoit un juif nommé Samuel Bernard ; vinrent ensuite des compagnies, la ferme générale, la régie des aides, les trésoriers des généralités, etc., qui tous n'étoient que des traitans, mais des traitans d'un ordre élevé, avec lesquels les grands seigneurs ne se faisoient point scrupule de s'allier. Le banquier de la cour même étoit un traitant qui jouissoit d'une grande considération dans la société aussi bien qu'à la cour, et qui la méritoit par l'espèce de désintéressement que lui permettoient ses capitaux considérables, et ses opérations toutes faites en grand. Tous ces capitalistes particuliers, ou réunis en compagnies sous différens noms, composoient ce qu'on appeloit à Paris la finance, et les financiers. C'est dans cette classe qu'étoient pris tous ceux chargés de faire les fonds du service. Tant qu'eux seuls procuroient au gouvernement l'argent dont il avoit besoin, c'étoit auprès d'eux exclusivement que le ministre des finances dût chercher de rendre populaires ses mesures financières ; une mesure présentoit-elle un bon produit et de la sûreté à la finance, il n'en falloit pas davantage pour la faire réussir.

Toutefois les anticipations qu'admettoit ce

système, étoient non-seulement très-onéreuses au trésor public, mais, comme par leur nature même elles étoient circonscrites par le montant présumé des recettes disponibles dans l'année, il fallut enfin recourir de toute nécessité à des emprunts publics. Et comme alors tout particulier, possesseur d'un capital accumulé par ses épargnes, pouvoit et étoit invité à y concourir; il devint essentiel que la partie du public, qui avoit des capitaux disponibles, le commerce et la banque surtout, connût au moins, par aperçu, la situation des finances de l'Etat. Il ne suffit plus qu'une mesure financière fût bonne, il fallut encore qu'elle fût jugée telle; il ne suffit plus d'avoir un revenu assuré de cinq cents millions, il fallut que le public en fût convaincu. C'est à cette époque que la banque, composée de tous les banquiers et capitalistes faisant le commerce et le virement des fonds, entra d'abord indirectement, puis directement, dans l'administration des finances. En France, ce changement important date de M. Necker, qui fut le premier ministre des finances, banquier.

En Angleterre ce changement remarquable date de la fin du dix-septième siècle, et pour ainsi dire du premier emprunt public, que le

Gouvernement fit à la banque même, lorsqu'il lui octroya sa Charte. Depuis ce temps une quantité d'emprunts publics ont été faits par l'intermédiaire de la Banque, qui se trouve également chargée de la recette des impôts consacrés aux arrérages, et du paiement d'iceux aux créanciers. Je dis que ces emprunts ont été faits par l'intermédiaire de la Banque, et non pas à la Banque, dont tous les prêts non remboursables qu'elle a faits au Gouvernement depuis sa création se bornent à 11 millions sterl., qui font partie du capital de la Banque, comme ils font également partie de la dette publique, le Gouvernement lui en payant annuellement 3 pour cent d'intérêt.

Par cette liaison de la Banque avec le Gouvernement, tout le commerce de Londres a pris successivement une part active dans les opérations du Gouvernement. Au lieu d'affaires proprement dites avec des particuliers et à des conditions secrètes qui étoient plus ou moins onéreuses, le Gouvernement a pu ouvrir des emprunts publics, au rabais, auxquels tout prêteur peut concourir et contribuer en y versant le produit de ses épargnes. Les affaires extraordinaires faites auparavant avec les traitans, n'étoient que des anticipations sur les revenus de l'année, ou tout au plus des emprunts temporaires avec des remboursemens à époques fixes. Or, le calcul le plus simple fait voir, qu'entre ces derniers emprunts et ceux à rente perpétuelle dont le capital est non remboursable autrement que par le rachat au cours de la place, la différence est énorme, même sous le rapport pécuniaire; mais elle est plus forte encore sous le rapport moral, et par l'effet que l'une et l'autre manière d'emprunter ont sur l'esprit public.

Un emprunt public souscrit au rabais par les premières maisons de banque de la capitale, à des conditions que tout le monde connoît, et que le Gouvernement n'a aucun intérêt à cacher, un emprunt auquel tout le monde peut prendre part suivant ses moyens, dans lequel il n'y a aucune opération sourde ou illicite; cet emprunt, dis-je, a nécessairement pour lui l'opinion publique, tandis que l'affaire extraordinaire ou l'anticipation la plus avantageuse même pour le trésor public, a contre lui l'immense majorité du public qui, par le secret même dont l'opération est enveloppée, soupçonne qu'on ne peut pas avouer toutes les conditions, qu'il y a de scroupiers, etc. C'est d'ailleurs un monopole de prêt, et les mono-

poles ont en général tout le monde contre
eux, excepté les intéressés. Ces emprunts temporaires, ces anticipations ou affaires extraordinaires, ne permettent guère qu'on leur
attache un fonds d'amortissement, en sorte
qu'elles offrent au public effrayé un gouffre
toujours ouvert, où vont s'engloutir les trésors de l'État, sans qu'il y ait rien pour le
fermer. Enfin, comme toutes les ressources
des traitans et de leurs croupiers sont bien
inférieures à celles que présentent tous les
banquiers, commerçans et capitalistes réunis
de la place ; on voit d'avance que toutes les
avances que le Gouvernement se peut procurer par le crédit d'une compagnie de traitans avec lesquels il fait des contrats particuliers, seront toujours peu de chose en
comparaison des ressources que lui of-
frira l'ensemble des banquiers et capitalistes
appelés à remplir un emprunt, dans lequel
tout particulier du royaume, aussi bien que
des pays étrangers pourra verser le produit
de ses épargnes.

Par le moyen de ces emprunts les hommes
économes se multiplient, et le nombre des
prêteurs augmente tous les ans ; par suite
des avances que font les traitans à l'aide des

affaires extraordinaires, les dissipateurs et prodigues se multiplient avec les gros profits, et l'économie disparoît.

En considérant maintenant que l'Angleterre à eu recours aux emprunts publics plus de soixante-dix ans avant la France qui, pendant tout ce temps, étoit sous le joug des anticipations et des traitans, on cesse de s'étonner de l'énorme différence entre les progrès de la puissance financière des deux gouvernemens, dont nous avons vu depuis vingt ans les preuves les moins équivoques.

Cette différence a influé jusque sur la composition du ministère. Depuis le commencement du dix-huitième siècle que le système des emprunts publics a fourni les principales ressources au gouvernement anglois, le chef du ministère, le président du conseil, a presque toujours été le ministre des finances, sous le nom de chancelier de l'échiquier, ou de premier lord de la trésorerie ; c'est de lui que le ministère prend même assez souvent son nom. On dit le ministère ou l'administration de Walpole, de Pitt, de lord Liverpool, etc.

On voit, par cette esquisse historique, que l'administration des finances a suivi les progrès des richesses et des lumières ; qu'elle a suc-

cessivement gagné en considération et en im-
poitance, et que c'est essentiellement à la
publicité, donnée à la comptabilité, et à toutes
les grandes mesures et opérations financières,
que cette considération et la confiance du public sont dues. Cette publicité est non-seulement la sauve-garde des contribuables qu'elle
éclaire sur l'emploi des fonds, et qui par là
sont plus disposés à faire less acrifices dont on
leur démontre la nécessité, mais c'est le seul
moyen de fonder un système d'emprunts et de
crédit public. Pour que les propriétaires de capitaux les confient au gouvernement qui s'a-
diesse à eux, il faut bien que le budjet annuel,
appuyé des comptes de recette et de dépense,
soit rendu public et livié à la discussion publique, afin que tous puissent se convaincre
que la dépense est nécessaire ; que les recettes, pour y faire face, sont assurées et bien
choisies ; que les capitaux, dont on demande
l'avance, ne courent aucun risque, soit pour le
paiement exact des intérêts, soit pour le remboursement ou le rachat du principal.

La publicité dont il s'agit ne date chez nous
[et cela en principe ou en théorie seulement (1)]

---

(1) *Note.* Je dis *en principe et en théorie ;* car dans la

que depuis 1789, tandis qu'en Angleterre elle existe dans la pratique depuis plus d'un siècle, et l'influence heureuse qu'elle a eue dans ce dernier pays sur le crédit public et sur tou-

---

pratique et en réalité, nous ne jouissons vraiment de cette publicité que depuis le régime constitutionnel, sous lequel nous avons le bonheur de vivre. En mettant de côté les discussions financières sous le régime du papier monnoie, et celles sur les banqueroutes annuelles sous le directoire, de quelle utilité pouvoient être les budjets et comptes annuels dressés par ordre, dans les douze dernières années du règne de Napoléon, lorsqu'après l'élimination du tribunal toute discussion publique étoit interdite, ou avoit été réduite à une simple formalité. Le ministre des finances dressoit son budjet et faisoit son rapport tel que le despote le lui dictoit, et ses collègues étoient obligés d'ajuster leurs rapports et leurs comptes en conséquence. Le tout étoit présenté à un corps législatif muet, et terminé par une péroraison qui souvent n'étoit elle-même que l'amplification empoulée d'un sujet dicté par ordre. Telle est néanmoins la force irrésistible de la publicité des comptes annuels, que, malgré tous ces ajustemens, et toutes les reticences que favorisoient singulièrement les comptes par exercice et les renvois annuels des créanciers de l'exercice défunt à la succession bénéficiaire, il n'y a guère de banqueroute partielle ou d'opération financière essentiellement vicieuse qui n'ait été mise au jour, dès qu'il a été permis au public de rompre le silence.

tes les branches de l'industrie, prouve combien elle eût été avantageuse en France pour le gouvernement et les gouvernés, dans tous les temps. Mais elle est surtout devenue nécessaire et importante pour tous les deux, depuis que divers changemens radicaux, opérés par la révolution dans la constitution et l'administration générale du royaume, ont doublé et triplé la puissance financière du gouvernement, à égalité de ressources et de facultés contributives des gouvernés.

Cette puissance financière a d'abord été augmentée de toute la force morale que lui a ajoutée le consentement réel ou supposé, donné à l'impôt par tous les contribuables du royaume, représentés par les députés de tous les départemens, dont la mission a pour principal objet l'examen et la discussion du budjet annuel, avec les comptes de recettes et de dépenses qui s'y rapportent. Ce consentement, donné après une discussion publique et préalable, dispose, comme je l'ai déjà dit, les contribuables à payer avec moins de répugnance, et les propriétaires de capitaux mobiliaires à les confier au gouvernement, en retour de la franchise avec laquelle il est censé leur exposer sa situation pécuniaire, son actif et son passif. Sous le gouvernement même de Bonaparte, où l'examen et la discussion étoient en dernier lieu devenus une simple formalité, la force morale, qui en résultoit pour la perception de l'impôt, étoit encore considérable; sous le gouvernement actuel où la publicité des comptes et leur discussion en public n'est plus une affaire de forme, mais un fait réel, elle doit être énorme.

La même puissance financière du gouvernement a encore été augmentée, et prodigieusement augmentée, par l'unité de législation et d'administration, qui fait qu'une loi sur les finances, une fois adoptée, devient exécutoire de suite par tout le royaume, sans que le gouvernement ait besoin de solliciter séparément, comme autrefois, l'assentiment particulier soit des parlemens, soit des Etats de telle ou telle province qui opposoient souvent aux meilleurs édits sur les finances, tantôt leurs privilèges locaux, tantôt les prétentions et les préjugés des classes privilégiées, les franchises et immunités des corporations, etc.

Elle a été augmentée par l'abolition des douanes intérieures, des dîmes, des droits féodaux, des biens de main-morte, et autres entraves qui formoient un obstacle insurmontable à la répartition proportionnelle et à la perception régulière de la plupart des impôts.

Cette même puissance enfin a acquis un accroissement incalculable par l'unité de comptabilité que la disparition de toutes ces entraves, par suite de la révolution, a pu seule produire. Grâce à cette comptabilité unique et uniforme, le gouvernement s'est non-seulement assuré un produit net plus considérable, mais en instituant la caisse de service qui, avec les vices de l'ancienne comptabilité, eût été ou impraticable, ou extrêmement imparfaite, il a acquis la disponibilité la plus étendue de ses propres ressources, ou des recettes, et de plus une portion du crédit personnel de tous les receveurs généraux. Par là, il dispose du travail fait et du travail à faire des contribuables qui sont les deux seules choses qui puissent fournir à un gouvernement quelconque les ressources dont il a besoin ; et il en dispose d'une manière bien moins onéreuse pour eux qu'autrefois, où il falloit qu'il passât par une foule d'intermédiaires parasites et inutiles, pour obtenir des ressources beaucoup moindres.

C'est à tous ces avantages réunis , produits par le changement total dans la constitution et administration telle qu'elle existoit sous l'ancien régime, qu'est dû le résultat autrement inexplicable, que le Gouvernement actuel a moins de peine à lever annuellement 700 millions *net*, sur une population épuisée par vingt-cinq années de révolution et de guerre, sans commerce ni colonies, ayant dépensé et perdu pour plusieurs milliards de richesses mobiliaires et capitaux accumulés en tout genre, que n'en avoit l'ancien Gouvernement à lever 600 millions *net* sur la même nation répandue sur le même territoire, mais vierge depuis des siècles de toute invasion étrangère ; ayant des colonies florissantes ; prenant part au commerce du monde, et riche de tous les capitaux, de toutes les richesses mobiliaires accumulées pendant trente années d'une paix continentale non interrompue ! Et qu'on ne dise pas que c'est-là une assertion gratuite ; elle est prouvée par le fait notoire que la révolution, qui a renversé l'ancien régime, n'a éclaté que parce que le Gouvernement ne pouvoit possiblement lever ces 600 millions. Et pourquoi ne le pouvoit-il pas ? Parce qu'il n'avoit ni la force morale, ni la puissance matérielle en matière de finances, que ce changement radical lui a donnée.

Sans la publicité des comptes et la libre

discussion de tout ce qui s'y rapporte, cette énorme puissance , mise dans les mains du gouvernement, pourroit devenir vraiment redoutable ; avec la publicité que la Charte a consacrée, et que nous voyons mise en pratique avec cette franchise qui caractérise tout gouvernement essentiellement loyal et bon , elle ne peut qu'être avantageuse à la masse des gouvernés, qui profitent aujourd'hui de tout ce qu'elle a enlevé aux intermédiaires d'autrefois. Grâces à cette publicité , grâces à la Charte qui nous l'a garantie, nous pouvons dire avec Tacite : *Rara temporum ac materiæ felicitas*, etc. Heureux le temps où, et le sujet sur lequel on peut jaser à l'aise !

Observations générales sur les Budjets.

Tout budjet est composé de deux parties, qui sont la dépense et la recette. La dépense est nécessairement la première dans l'ordre, parce que de sa fixation dépend celle des recettes nécessaires pour la couvrir. C'est aussi à la réduction de la dépense que les contribuables attachent généralement le plus d'importance, parce qu'à cette réduction tient essentiellement la diminution des impôts qu'ils auront à payer. L'économie dans les dépenses est le mot d'ordre, le cri de ralliement de tous.

A Dieu ne plaise que je veuille contrarier ce vœu général; l'économie est dans tous les temps la première des vertus dans le gouvernement, aussi bien que chez un particulier; aujourd'hui, elle est plus nécessaire que jamais. Toutefois l'importance *relative*, qu'on attache sous ce rapport à la réduction de la dépense, me paroît susceptible de deux observations.

La réduction doit d'abord regarder exclusivement les dépenses à faire, qui généralement sont improductives, quelque urgentes, quelque nécessaires qu'elles soient, mais non pas les dépenses faites qu'il faut payer intégralement dès qu'elles sont légalement constatées, sauf la responsabilité de ceux qui les auroient ordonnées mal à propos. Ce sont autant de créances sur le gouvernement, et toute réduction d'une créance légitime de cette espèce, est une violation de la propriété, une atteinte au crédit public, et par conséquent une économie à la fois injuste et mal-entendue. La dernière session, qu'on peut regarder comme un véritable interrègne pour le crédit public, nous a donné plus d'un exemple de cette économie déplorable. Je ne fais pas cette remarque sans de bonnes raisons. Car, quoique, heureusement pour la France, le budjet actuel et les rapports de la commission des finances soient rédigés dans tout un autre esprit à cet égard, et que l'on y professe généralement les meilleurs principes, on y trouve néanmoins un exemple de ce genre d'économie mal-entendue, sur lequel je reviendrai en parlant du paiement des créanciers de l'arriéré.

La seconde observation, également importante, porte particulièrement sur l'importance relative et souvent exclusive que les contribuables attachent en général à la réduction de la dépense, sans faire, pour ainsi dire, attention au choix des ressources qui doivent composer la recette, choix qui cependant peut, dans beaucoup de cas, les intéresser bien davantage que la diminution de la dépense. Nul doute, par exemple, qu'il vaudroit infiniment mieux pour les contribuables que la dépense fut augmentée de cent millions, que de voir acquitter une dépense moindre de la moitié, par la résurrection des maîtrises et jurandes, par celle de l'ancienne ferme générale, par la création d'offices et de charges vénales et inutiles, ou par d'autres moyens ruineux de cette espèce. L'inconvénient d'une augmentation de dépense, pourvu qu'elle ne soit pas absolument déraisonnable, se réduit à faire payer aux contribuables quelques centimes additionnels de plus sur leurs contributions, ce qu'ils peuvent faire soit en restreignant leur dépense, soit en augmentant leur industrie et leur travail. Un moyen vicieux, au contraire, que le gouvernement emploie pour se faire une ressource, tels que ceux que je viens de citer, porte des entraves à l'industrie des citoyens, attaque les capitaux, et tarit les sources mêmes de la richesse. Ce n'est pas le moment de parler d'un changement dans les impôts; on est malheureusement forcé de les laisser tels qu'ils sont; mais certes il vaudroit mieux augmenter la masse des impôts de dix millions, et retrancher la moitié de cette somme seulement sur tel ou tel impôt qui arrête les mutations ou les échanges, multiplie les procès, etc. L'urgence des besoins, la crainte de nuire au crédit du gouvernement en lui ôtant, ne seroit-ce que momentanément, une ressource sur laquelle il comptoit, et d'autres circonstances ont empêché la plupart de ceux qui jusqu'ici se sont occupés des budjets, d'examiner l'influence plus ou moins funeste que certains

impôts exagérés ou mal choisis ont sur le travail et l'industrie; il faut espérer que, dans un
temps plus propice, on donnera à cette discussion toute l'attention qu'elle mérite par son
importance.

Enfin, lorsque les ressources des contribuables sont épuisées, comme elles le sont en
ce moment, une dépense de cent millions ac-
qu'ttée au moyen d'un emprunt volontaire,
grevera infiniment moins les contribuables,
qu'une dépense de moitié de cette somme levée
par la voie de l'impôt.

Si le choix des impôts, ou en général des
voies et moyens pour faire face aux dépenses,
est d'une haute importance pour les contribuables, l'emploi des recettes à telle ou telle nature de dépense, ne doit aucunement leur être
indiférente. Il est peut-être plus facile de lever
annuellement cent millons pour payer les arrérages dûs aux créanciers de l'État, supposés
françois et regnicoles, que de lever la moitié
de cette somme lorsqu'elle est employée à
payer des dépenses improductives quelque nécessaires que celles-ci puissent être. Les premiers, formant un revenu annuel certain à
une classe d'hommes généralement économes
et industrieux, représentent dans leurs mains

un capital qu'ils peuvent faire valoir par eux-mêmes ou par d'autres, tandis que les cinquante millions, payés en salaires à des fonctionnaires publics et employés civils, ou en solde et pour fournitures de toute espèce, aux troupes, etc., sont en majeure partie dépensés improductivement, sans laisser rien après eux; loin de favoriser la reproduction, plusieurs de çes dépenses ne servent qu'à l'arrêter.

L'énorme différence, qui a existé en tous temps, et qui existe encore à cet égard entre l'Angleterre et la France, est peut-être, après le système de crédit et d'emprunts, si avantageusement employé par le gouvernement anglois, la principale cause pour laquelle celui-ci a pu lever dans les derniers temps chaque année, une masse aussi prodigieuse d'impôts et de taxes de toute espèce, sans éprouver ni *déficit* dans le produit présumé, ni de grandes difficultés dans la perception. Sur soixante-dix millions sterling, par exemple, que rendoient les taxes quelconques chaque année pendant les dernières années de guerre, près de 40 millions formant les quatre septièmes, ou plus de la moitié, étoient régulièrement payés aux rentiers pour leurs arrérages, et à la caisse d'amortissement pour le rachat graduel du capital de la dette publique. Restoient trente millions seulement qui étoient employés pour le service de l'armée, de la marine, etc., etc. Le surplus de la dépense, que les recettes ne pouvoient acquitter, et qui, vu la guerre extraordinaire contre Bonaparte, étoit encore considérable, a été levé par la voie de l'emprunt. Voilà pour l'emploi ou la répartition des recettes, dans une année de guerre ; passons à celle de la dépense totale, en temps de paix.

Cette année ci qu'on ne peut pas encore considérer tout-à-fait comme une année de paix, vu les dépenses arriérées de la guerre qu'il faudra acquitter, la *dépense* totale de l'Angleterre, d'après l'aperçu exagéré des journaux de l'opposition, s'élèvera encore à près de soixante-quatre millions qu'on peut bien regarder comme un *maximum*. Qu'on déduise maintenant là-dessus quarante et un millions environ, payés aux rentiers et à la caisse d'amortissement ; il ne restera plus que vingt-trois millions pour acquitter toutes les dépenses improductives, la liste civile avec ses pensions y comprises.

Ainsi en Angleterre, soit qu'on considère la répartition des recettes ou du produit des taxes en temps de guerre, soit qu'on examine la répartition de la totalité de la dépense en temps de paix, on voit que la majeure partie, les deux tiers presque de l'argent levé par les taxes et dépenses, passe aux rentiers et à la caisse d'amortissement, ou en un mot à la dette publique, tandis que la moindre partie va aux dépenses presque toutes improductives du service.

Chez nous, c'est absolument l'inverse. D'après le budjet de cette année 1817, amendé par la commission des finances, qui propose de retrancher près de trente millions des dépenses improductives, les dépenses ordinaires et *permanentes* de toute espèce, sont portées à 548 millions, sur quoi 157 millions seulement pour arrérages et fonds d'amortissement de la dette publique : 391 millions ou plus des trois cinquièmes de la totalité doivent acquitter les dépenses de service, parmi lesquelles celle de la guerre la plus improductive de toutes, s'élève à l'énorme somme de 196 millions, formant à elle seule plus du tiers de la totalité. Le budjet de 1816 présentoit à cet égard des résultats encore plus défavorables.

Pour rendre plus sensible l'importance de la répartition des recettes entre les dépenses de diverse nature, productives et improductives, nécessaires et surperflues, et pour donner en même temps une preuve frappante du progrès que les lumières et la morale publique ont fait depuis cent ans même en matière de finances, je vais transcrire ici le tableau de la dépense effective d'une des années du règne de Louis XIV, telle qu'on la trouve dans Forbonnais.

Pour éviter tout reproche d'exagération, je prendrai l'année 1682, année de paix, et une des plus brillantes de ce règne sous le rapport du revenu public et de l'ordre dans les finances, puisque c'est la dernière année du ministère de Colbert. J'ai transcrit ce tableau littéralement, en remplaçant seulement, pour plus de clarté, les trois derniers chiffres de chaque nombre, par des zéros.

Il convient d'observer que l'argent, étant alors à 27 liv. tournois le marc, tandis que dans nos écus de 6 liv. il est à 49 liv. 10 s. (1),

---

(1) Expression technique des monnoyeurs, qui signifie que sous Louis XIV on ne frappoit dans un marc d'argent que 27 liv., tandis qu'après lui, hors la refonte de 1726 et depuis, on a monnoyé dans le même marc 49 liv. 10 s.

la dépense totale aussi bien que chaque article de dépense en particulier, doivent être augmentés dans le rapport de 27 à 49, ou d'environ 4 à 7, si l'on veut avoir des francs de notre monnoie. Mais comme la proportion est partout la même, et que, dans la recherche qui nous occupe, il n'y a que la proportion des divers articles avec le tout qui nous intéresse, la transformation des livres tournois d'alors en francs d'aujourd'hui, devient inutile.

La même remarque s'applique à un autre changement de fait, savoir que le revenu réel du royaume, évalué en blé, est au moins triple aujourd'hui de ce qu'il étoit à cette époque. Seroit-ce encore là une suite de la corruption, de la dégénération, de la dépravation etc. de l'espèce humaine, ou pour parler plus exactement, de l'espèce françoise, pendant le dix-huitième siècle? Je ne le pense pas.

Dépense effective faite en 1682 ; dernière année du ministère de Colbert, mort en 1683.

Maison du Roi   768,000
Chambre aux deniers.   1,563,000
Argenterie   1,137,000
Trésorier des menus   330,000
Ecuries   725,000
Achat de chevaux   12,000
Trésorier des offrandes.   150,000
Prévôté de l'Hôtel.   62,000
Gardes-du-corps   200,000
Cent-Suisses de la garde   60,000
Vénerie et fauconnerie.   310,000
Louveterie   34,000
Maison de la Reine   1,320,000
Id. de madame la Dauphine   1,101,000
Id. de Monsieur   1,010,000
Id de Madame.   252,000
Récompenses   138,000
Comptant ès mains du Roi.   2,217,000
Menus dons et voyages (dernier article du
    tableau.)   1,200,000
                                        ____
Total de la dépense de la cour 12,590,000
non compris la portion qui peut se trouver dans
les 5,958,000 fr. ci-après, dépensés en bâtimens, dont
la majeure partie pour Versailles.

De l'autre part 12,590,000

Bâtimens. 5,958,000
Ligues Suisses 272,000
Garnisons. 2,410,000
Étapes. 2,281,000
Pain de munition. 41,000
Extraordinaire des guerres 36,780,000
Gratification aux troupes. 968,000
Marine 6,260,000
Galères 2,630,000
Fortifications. 9,227,000
Canal des mers. 456,000
Ambassades. 845,000
La Bastille. 75,000
Pensions. 1,389,000
Gages du conseil 1,208,000
Maréchaux de France 347,000
Ordonnances de comptant pour gratifica-
    tions 1,972,000
Affaires secrettes. 2,268,000
Acquits patents 250,000
Ponts et chaussées 299,000
Pavé de Paris 58,000
Arrérages de rentes 7,038,000
Commerce et manufactures. 500,000

Total de la dépense effective de l'année . . 96,122,000
non compris 90,428,000 f. payés en remboursemens des
avances ou anticipations faites en 1681 plus 2,666,000 f.
pour intérêts des mêmes avances, lesquelles deux sommes ne peuvent être comptées parmi les dépenses du
service de l'année 1682, à laquelle cet état se rapporte.

En examinant maintenant avec un peu d'attention la proportion qui existe entre le montant des divers articles de dépense dont ce tableau est composé, comparés entre eux, et avec le montant de la dépense totale, on découvre entre autres choses :

Que la dépense de la cour, montant à 12 millions 590,000 fr. non compris les sommes considérables dépensées pour l'embellissement et l'entretien des divers palais, et notamment de celui de Versailles, composoit plus du huitième de la dépense totale de l'année, montant à 96 millions 122,000 fr.

Que le département des écuries, montant avec l'achat des chevaux à 737,000 fr., coûtoit, à peu de chose près, autant que celui des ponts et chaussées, joint à celui du commerce et des manufactures montant ensemble à 799,000 fr.

Que l'entretien de la Bastille entroit dans la dépense pour 75,000 fr., tandis que celui du pavé de Paris n'y étoit que pour 58,000 fr.

Que la vénerie et fauconnerie, portées ensemble pour 310,000 fr., avoient absorbé environ huit fois le coût du pain de munition pour l'armée, montant à 41,000 fr.

Que la dépense pour l'argenterie (comprenant celle du linge de table), portée ici pour 1 million 137,000 fr. , et qui, dans d'autres budgets de ce temps, s'élève à une somme bien plus considérable, étoit égale aux quatre cinquièmes de la totalité des pensions, portée à 1 million 389,000 fr.

Enfin, que le remboursement des anticipations des années précédentes, montant. avec les intérêts, à plus de 93 millions, égaloit, à 3 millions près, la totalité des paiemens pour dépenses effectives de l'année, montant à 96 millions.

On obtiendroit une foule d'autres résultats curieux de cette espèce, si, à côté de chaque article de dépense, on cotoit le rapport qu'il a en centimes avec la totalité de la dépense, supposée de cent centimes, ou d'un franc. C'est en général une excellente méthode pour juger de l'emploi du revenu public dans une année quelconque, et, par une conséquence naturelle, de la bonté et de la sagesse de l'administration qui en ordonne et surveille la répartition.

Et notez bien que de tous les états de dépense antérieurs et postérieurs du long règne de Louis XIV, celui que j'ai choisi est, sans aucune comparaison, le meilleur, celui qui offre le moins de prise à la critique. Les lec-

teurs qui douteroient de ce fait, peuvent le vérifier en consultant le véridique Forbonnais,
où ils trouveront tous ces états détaillés année
par année.

Voilà pour le choix et la répartition de la
dépense. Que seroit-ce si l'on examinoit de la
même manière les ressources auxquelles les
ministres de ce temps, sans en excepter même
Colbert, étoient forcés d'avoir recours pour
faire face à des dépenses aussi mal entendues et
aussi mal coordonnées entre elles ; ressources
parmi lesquelles on trouve alternativement des
des créations et réductions de rentes, c'est-à-
dire, des emprunts suivis immédiatement de banqueroutes, et des affaires extraordinaires ou
emprunts ruineux par anticipation faits aux
financiers ou traitans à qui, d'après Forbonnais, Colbert lui-même n'a jamais emprunté
au-dessous de dix pour cent!!! A côté, ou
plutôt au premier rang de ces tristes expédiens, il faut placer les éternelles créations de
charges et offices la plupart inutiles, souvent
même ridicules, telles que celles de dégustateurs
de porc salé, de botilleurs de foin, d'essayeurs
de fromages et autres, dont le nombre s'étoit
tellement accru, que, malgré la suppression
considérable faite par Colbert, il en restoit

encore quarante-six mille sept cent quatre-vingt!!!

Maintenant qu'ils viennent, ces *laudatores temporis acti*, ces admirateurs de l'ordre, de la sagesse et de la morale de nos pères, regretter les temps heureux où se faisoient et s'exécutoient de pareils budjets!!! De l'aveu même des deux rapporteurs de la Commission des finances, le budjet de 1817 (fait d'ailleurs dans des circonstances bien plus pénibles, et pour une année bien moins heureuse que celle de 1682.) n'est point à l'abri de plusieurs critiques plus ou moins fondées; mais, certes, en comparaison de celui dont je viens de faire l'analyse, c'est un chef-d'œuvre, et sous le rapport des divers articles d'exécution qui le composent, et plus encore sous celui des principes d'après lesquels l'ensemble, à quelques exceptions près, paroît avoir été rédigé.

Etat au vrai de la position financière de la France au commencement de 1817, ou exposé clair et net de son passif et de son actif, de ses charges présentes et futures, et des moyens qu'elle a pour les acquitter. Démonstration que, sous ce rapport, sa position est meilleure que celle de la plupart des autres pays de l'Europe.

Après les observations préliminaires et générales qu'on vient de lire, je serois passé de suite à l'analyse particulière du budjet de 1817, si la lecture de plusieurs écrits sur cette matière ne m'avoit pas présenté une question préalable à résoudre, que voici.

La France a éprouvé tant de malheurs, elle a fait tant de sacrifices, elle en a tant à faire encore, qu'il ne faut pas s'étonner de ce que sa position, sous le rapport des finances, a paru et paroît encore presque désespérée à bien du monde. C'est même à ce désespoir qu'il faut sans doute attribuer une foule de plans et de projets de finances où les auteurs nous proposent sérieusement la création d'un ou de plusieurs milliards de papier sous diverses dénominations et formes, des banques et compa-

gnies d'une nature particulière, des impôts extraordinaires et des emprunts plus extraordinaires encore, exactement comme des méde-
cins célèbres, Barthez, entre autres, citent
exempli gratiâ, des méthodes perturbatrices
qui ont sauvé des malades lorsque tous les autres remèdes avoient échoué (1) Malheureusement cette idée radicalement fausse, est partagée
par la multitude qui n'écrit point, mais qui,
dans les momens de détresse, a un penchant
singulier à croire sur parole, et de préférence,
le premier prophète de malheur qui se présente. Avant donc de discuter le budjet de
1817, et surtout les moyens proposés pour tirer la France de l'espèce de crise financière
qu'elle éprouve, il importe de s'assurer, par
l'examen des faits principaux et non contestés,
que sa position, sous ce rapport, est loin d'être
désespérée, et qu'il n'est aucunement nécessaire de recourir à des remèdes extrêmes. Bien
loin de là, le résultat de cet examen nous prou-
vera, j'espère, que notre position est plus ras-

---

(1) Entre autres un goutteux guéri radicalement
pour avoir sauté par une fenêtre d'un troisième étage,
dans un incendie.

snrante que celle d'aucun autre pays connu. Donner du courage à tous les contribuables en leur faisant voir leur libération non-seulement possible, mais assurée et prochaine; inspirer de la confiance, *lorsqu'elle est fondée* , à ceux qui ont des capitaux disponibles, tel est le devoir de tout bon citoyen qui veut écrire sur cette importante matière. Heureusement pour l'auteur, les données sont de nature à ne pas rendre cete tâche bien difficile ; on est bien fort quand on a pour soi les faits et *Barême* avec ses comptes faits.

La France d'abord, est-peut-être le seul pays de l'Europe qui, malgré toutes les calamités qu'ont éprouvées ses habitans dans ces derniers temps, malgré les pertes incalculables des propriétaires de toutes les classes, et malgré les charges qui ont pesé et pèsent encore sur eux, ne présente point de *déficit* réel dans les finances de l'Etat, soit pour 1817, soit pour les années suivantes. Ceci demande une explication.

Il y a un *déficit réel* (et c'est ainsi qu'on entend aussi ce mot en Angleterre, quoique la chose n'y ait encore eu lieu qu'une seule fois), lorsque le produit des taxes qui composent les recettes ordinaires, ne suffit pas pour payer, 1°. les arrérages de la dette publique et la somme annuelle affectée au fonds d'amortissement; 2°. les dépenses ordinaires et permanentes de toute nature, telle que la liste civile, l'armée et la marine sur le pied de paix; 3°. les intérêts des nouveaux emprunts nécessaires pour payer les dépenses extraordinaires. L'Angleterre s'est trouvée une seule fois dans ce cas, et il est probable qu'elle s'y trouvera cette année-ci pour la seconde fois, à moins qu'elle n'attaque le fonds d'amortissement, comme elle l'a déjà fait, en détournant une partie pour combler ce *déficit;* car il n'est guère probable que le ministère ose proposer de le couvrir par de nouvelles taxes, ou par des droits additionnels aux anciennes, lorsqu'il n'y a qu'un cri en Angleterre pour la réduction de celles qui existent.

On croira peut-être que, sans attaquer le fonds d'amortissement, et sans augmenter les charges existantes, ce *déficit* pourra être couvert par un emprunt; c'est une erreur. On ne comble pas plus un *déficit réel* dans le revenu ordinaire par un emprunt, qu'on ne peut amortir la dette publique par un fonds d'amortissement, tant qu'il n'y a pas un excédent du revenu ordinaire sur la dépense ordinaire. L'emprunt ne peut servir qu'à payer l'arriéré provenant du *déficit* de l'année précédente; mais outre les taxes nouvelles qu'exigera la paiement des intérêts et le fonds d'amortissement de cet emprunt, il y aura, si le *déficit* est réel, à la fin de l'année un nouvel arriéré égal à l'ancien, et cela durera jusqu'à ce qu'on ait créé de nouvelles taxes d'un produit au moins égal à ce *déficit*, ou pris la même somme sur les taxes affectées au fonds d'amortissement.

La France, au contraire, ainsi qu'on va voir, s'est non-seulement assuré un revenu ordinaire égal aux dépenses ordinaires et permanentes de l'année courante, mais un excédent plus que suffisant pour acquitter les arrérages et le fonds d'amortissement de tous les emprunts que pourront exiger les dépenses extraordinaires de cette année et des quatre autres, pendant lesquelles elle aura encore de ces dépenses à payer.

En effet, en consultant le tableau F, annexé au budjet amendé par la commission des finances, qui paroît avoir examiné et comparé avec beaucoup de soin la nature et le montant des diverses dépenses et recettes, et qu'aucun homme impartial n'accusera d'avoir été trop sévère dans l'appréciation des dépenses, ou trop libérale dans l'évaluation des recettes, en soi te qu'on peut, avec confiance, regarder les premières comme élevées au *maximum* nécessaire, et les dernières comme réduites au *minimum* probable, on trouve les résultats suivans :

Les recettes *permanentes* (parmi lesquelles les recettes temporaires pour 1817 et plusieurs années suivantes ne sont pas comprises), sont (en nombres ronds) de. . .   546,200,000 fr.

Les dépenses *permanentes*
et temporaires de. . . . . . .   473,400,000 fr.

Excédent. . .   72,800,000 fr.

D'après cela, il paroîtroit que l'excédent annuel des recettes ordinaires sur les dépenses ordinaires de 1817 et des trois années suivantes, pendant lesquelles la France aura encore à acquitter les 270 millions environ de dépenses extraordinaires consistant en contributions de guerre et dans l'entretien des troupes étrangères, ne seroit que d'environ 73 millions. Mais il faut considérer que la majeure partie des recettes temporaires, qui, d'après le même état, s'élèvent à plus de 54 millions, consistant en retenues sur les pensions et traitemens, et en centimes additionnels, sont de nature à être probablement continuées pendant le temps que nous aurons à acquitter les charges ci-dessus énoncées. Aussi les trouve-t-on dans le même état ajoutées de suite à l'excédent, de la manière suivante :

Excédent. . . . 72,850,000 fr.

Ajouter les recettes tempo-
raires. . . . . 54,250,000 fr.

Total des excédens de ressources à porter au budjet de l'extraor-dinaire. . . . . 127,250,000 fr.

En considérant maintenant que, pour arriver à cet excédent modique, il a fallu, d'une part, allouer au ministre de la guerre comme dépense permanente , la somme vraiment énorme de 196 millions qui, dans les années suivantes, sera sans doute réduite, et réduite de beaucoup; en considérant que plusieurs autres dépenses temporaires diminueront graduellement, et que, d'un autre côté, le produit des impôts sur les consommations ne peut qu'augmenter dans des années plus favorables que celle qui vient de s'écouler, nous pouvons hardiment regarder cet excédent de 127 millions que présentent évidemment les recettes

1. 3e *Partie.* 4

ordinaires de 1817, sur les dépenses ordinaires, comme une donnée permanente, pendant tout le temps au moins que nous aurons à acquitter des charges extraordinaires, c'est-à-dire pendant quatre ans au plus, y compris l'année courante 1817.

Dans toutes les suppositions toutefois, les plus défavorables même à notre thèse, les 73 millions qui entrent dans cet excédent, provenant entièrement de recettes permanentes, peuvent être regardés comme fournissant un revenu permanent qui, par conséquent, peut être affecté au paiement des intérêts des capitaux qu'il faudra emprunter pendant quatre ans pour pouvoir payer les charges extraordinaires dont nous sommes grevés, et pour libérer ainsi la France de toute dette envers l'étranger. Quant à l'amortissement de ces emprunts, le budjet en a chargé d'avance la caisse d'amortissement à l'aide d'une dotation plus que suffisante.

Cela posé, nous voyons par l'état G, qui présente le budjet des recettes et dépenses *extraordinaires* de 1817, que ces dernières s'élèvent à la somme énorme de 431 millions (1),

----

(1) Pour plus de clarté et pour la simplification des

en sorte qu'après en avoir déduit l'excédent entier, fourni par les recettes permanentes et temporaires, et qui s'élève à 127 millions, il faudra encore emprunter 304 millions pour combler le *déficit*. Ici, toutefois, il est essentiel d'observer que c'est l'année la plus grevée, la plus pénible de toutes, sous le rapport des finances, parce qu'elle est restée chargée de l'acquit de tous les arriérés exigibles, ou soldes d'exercices des années précédentes, résultat tout naturel, à cette époque, des diverses crises dans lesquelles la France s'est trouvée. Ces arriérés cessant avec la fin de 1817, il n'y aura plus à payer en charges extraordinaires, dans les années suivantes, que 300 millions environ, savoir : 140 millions pour contributions de guerre, et 160 millions pour l'entretien des troupes étrangères, y compris les travaux des places et quatre arriérés de 5 millions chacun.

D'après le budget, les 304 millions nécessaires pour 1817 seront pris sur les 30 millions de rentes mises à la disposition du ministre, et quoiqu'il puisse se trouver cette année même,

---

calculs, j'ai toujours pris, autant que possible, des nombres ronds.

4.

et à plus forte raison dans les années suivantes, des moyens moins onéreux d'emprunter, je supposerai, pour éviter toute contestation, que la totalité des sommes nécessaires pour nous libérer pendant les quatre années à écouler, y compris 1817, soit empruntée contre des rentes au cours, et que le cours moyen des quatre ans soit de 60. C'est certes faire une concession ample à ceux qui ne partageroient pas mon opinion, lorsqu'en ce moment même, à la veille d'un emprunt considérable qui se négocie sur le crédit des 30 millions de rentes, celles-ci se vendent à ce prix publiquement à la Bourse et *au comptant*, avec une addition proportionnelle de prix pour les ventes à terme. N'oublions pas qu'à l'exception des fonds publics de l'Espagne et de l'Autriche, où il circule encore du papier monnoie, et où un bon système de crédit public a une peine extrême à s'acclimater, ceux de tous les autres pays, y compris la Russie, où l'hypothèque du capital et des intérêts est placée près de la Newa, à 60 degrés de latitude, sont cotés à Amsterdam à un cours plus élevé de près de 50 pour cent que celui des nôtres. N'importe, faisons le calcul sur cette base, évidemment exagérée à notre préjudice.

Les 304 millions nécessaires en 1817 étant obtenus au cours de 60, absorberoient 25 millions de rentes; mais comme 15 millions se trouvent déjà compris dans le budjet de cette année, il n'en faudra plus affecter que 10, qui, étant pris sur les 127 millions d'excédent, le réduiront à 117.

En 1818, il faudra encore trouver 300 millions. Déduisant donc là-dessus les 117 millions d'excédent de la même année, l'emprunt se réduira à 183 millions, qui, toujours au cours de 60, absorberont 15 millions de rente, et réduiront ainsi l'excédent susdit de 117 millions à 102.

Retranchant ces 102 millions d'excédent, restant des 300 millions requis pour 1819, il restera à emprunter 198 millions, qui, au cours de 60, demanderont près de 17 millions de rente, et réduiront l'excédent de 102 millions à 85.

Enfin, passant à 1820, la dernière année de toutes, et qu'on pourra appeler l'année du Jubilé, nous aurons encore à emprunter 300 millions, moins 85, excédent restant pour cette année; cela fera 215 millions, qui, au cours de 60, demanderont une affectation permanente de près de 18 millions, et laisseront ainsi un excédent final de 67 millions, supérieur de 13 aux 54 millions de recettes temporaires, composées des 50 centimes additionnels aux contributions directes, des retenues sur les traitemens, etc., qui pourront par conséquent être retranchés du budjet, au grand soulagement des contribuables.

S'il ne s'étoit pas agi de la démonstration mathématique d'une vérité de fait, aussi importante pour la masse des contribuables du royaume, j'aurois pu, au lieu de tous ces calculs détaillés et successifs, partir de prime abord de la donnée non contestée que dès à présent nos recettes ordinaires permanentes (les 54 millions de recettes temporaires mises entièrement de côté) donnent un excédent permanent de 73 millions. Or, 60 millions seulement d'un pareil revenu suffisent pour emprunter et fonder en perpétuel, au cours de 60, ou à 8 pour cent, 750 millions. Ajoutant à cela quatre fois 54 ou 216 millions pour le produit des taxes temporaires pendant quatre ans, et 188 millions que fourniront les 15 millions de rentes comprises dans le budjet de 1817, nous aurons un total de 1154 millions, qui sont à peu près tout ce qu'il nous reste à payer pendant ces quatre ans en charges extraordinaires pour être entièrement libérés.

(55)

Dans tous ces calculs , je n'ai pas fait entrer
un écu du produit des cent cinquante mille
hectares de bois qui doivent être vendus en
1818, ni de tous les autres bois aliénés à per-
pétuité à la caisse d'amortissement, et dont
une partie, employée à combler le divers *déficit* des quatre années à écouler, auroit singulièrement diminué la quotité annuelle des
sommes à emprunter, et laissé à la fin des
quatre ans un excédent de recettes ordinaires
bien plus considérable.

Telle est la situation *purement financière* de
la nation françoise au commencement de 1817.
Quoique déduite *des suppositions les plus défavorables ,* absurdes mêmes en partie et extra-
vagantes, elle présente encore la certitude morale la mieux démontrée :

1°. Que, dans quatre ans au plus, la nation
sera délivrée de toutes ses charges extraordinaires après les avoir intégralement acquittées
avec les moyens qu'elle a tellement à sa disposition, qu'ils ne peuvent lui manquer;

2°. Qu'à la même époque, loin d'avoir un
déficit à combler , elle aura un excédent assez
considérable de recettes ordinaires, qui pourra
lui servir à réduire d'autant les droits trop
élevés qui gênent la circulation des propriétés,

l'administration de la justice et diverses branches de l'industrie.

Une pareille situation, qui, en ce moment
même, nous présente un excédent de 127 millions dans les recettes ordinaires au-dessus des
dépenses ordinaires, est loin d'être fâcheuse;
c'est au contraire, sous le rapport des finances,
la meilleure que je connoisse en Europe, sans
en excepter celle de l'Angleterre.

J'aurois facilement obtenu des résultats bien
plus satisfaisans encore, si je n'avois pas fait
des concessions absolument déraisonnables aux
partisans de l'opinion contraire, uniquement
afin de mettre le résultat que j'ai obtenu, à
l'abri de toute contestation, de tout doute
même. Je passe a d'autres considérations qui
doivent compléter le tableau de notre situation
financière.

Parmi les dépenses permanentes qui rédui-
sent à 127 millions l'excédent annuel de nos
recettes ordinaires, se trouvent 40 millions affectés à la caisse d'amortissement, qui non-seulement forment une dépense essentiellement productive, infiniment bienfaisante pour les rentiers et favorable au crédit public, mais qui
doivent nécessairement diminuer progressive-

rent la masse de la dette publique et accélérer proportionnellement la libération des contribuables envers les créanciers de l'État.

En second lieu, c'est un fait que les contributions directes de l'année dernière, qui avec les centimes additionnels s'élevoient à 320 millions, ou à près de la moitié de la recette totale, ont été payées et sont déjà rentrées à un dixième près, et que les contributions indirectes n'ont pas présenté un déficit bien considérable. Or, si c'est-là le résultat d'une des années les plus calamiteuses pour les contribuables, sous le rapport des charges étrangères aux contributions ordinaires, et sous celui de la récolte en vin, en blé et en fourrages, à plus forte raison doit-on s'attendre à la rentrée exacte des mêmes contributions dans une année probablement plus fertile, et incontestablement moins onéreuse sous le rapport des charges. (1)

____

(1) La facilité avec laquelle la contribution foncière se paye depuis nombre d'années sans interruption, quoiqu'on ait prédit au commencement de chaque année et qu'on prédise encore au commencement de celle-ci, qu'elle ne pourra pas se payer, parce qu'elle est exorbitante ; cette facilité, dis-je, est un fait, et, quand on ne pourroit pas l'expliquer, ce n'en seroit pas

Il n'y a donc pas de *déficit* à craindre dans le produit des recettes, qui est ordinairement la

---

moins un fait. S. Exc. le ministre des finances, dans son rapport au Roi, attribue ce résultat vraiment singulier « à l'énergie du système même de perception qui » lie tellement l'intérêt personnel des receveurs à la » libération du contribuable, que celui-ci ne peut, » sans se créer une nouvelle charge, échapper au » paiement de la dette ».

Cette explication, que m'ont donnée toutes les personnes instruites à qui je me suis adressé, donne bien la condition *sinè quâ non*, ou sans laquelle bien des contribuables ne paieroient pas ; elle seroit satisfaisante surtout s'il s'agissoit de la rentrée de la contribution pendant quelques années seulement. Mais elle n'explique point comment les contribuables pourroient continuer de payer pendant vingt années de suite une contribution aussi disproportionnée à leurs facultés, sans s'appauvrir, sans que la culture de leurs terres ne souffrît par le défaut d'avances et surtout sans que leur valeur vénale baissât d'une manière terrible. Il faut donc chercher une autre explication ; en attendant qu'on en trouve une meilleure, voici celles qui se sont présentées à mon esprit.

Les propriétés foncières étant très - divisées en France, et surtout depuis la révolution qui a introduit le partage égal entre les enfans, aboli les substitutions, et réparti les grandes propriétés du clergé entre un million d'acquéreurs, beaucoup de ces propriétaires jou-

partie sur laquelle on se trompe le plus ; il y a,
au contraire, l'espoir fondé que l'excédent,

---

gnent au revenu de leur terre, un autre revenu soit industriel, soit en rentes, soit en salaire, sans lequel ils
ne pourroient pas vivre. La surcharge de l'impôt foncier, ne tombant pas sur ce revenu accessoire, devient
moins sensible pour eux.

En second lieu, un très-grand nombre de propriétaires qui autrefois mangeoient le revenu de leurs propriétés dans les villes, se sont retirés, depuis la révolution, à la campagne, où ils font valoir eux-mêmes leurs
terres. Les petits propriétaires surtout, et les acquéreurs
de biens nationaux, sont dans cette catégorie. Ces individus réunissent comme l'on voit, deux espèces de re
venus, l'un qui vient de leur terre, considérée comme
capital, ou ce qu'elle rendroit si elle étoit affermée par
le propriétaire, et qui est le moindre ; c'est sur ce revenu seul que frappe la surcharge. Le revenu industriel qu'il trouve en faisant lui-même valoir sa terre,
et qui est bien plus considérable, n'est point soumis à
l'impôt, comme il l'étoit sous l'ancien régime sous le
nom de *taille*, et comme il l'est encore en Angleterre,
sous la dénomination de la taxe sur les fermiers.

Troisièmement, en aucun pays du monde, il n'y a proportionnellement à la population, autant de fonctionnaires publics civils et militaires, autant d'employés, de
comptables, etc. qu'en France, où tous sont salariés par
le gouvernement. Or, par suite des anciens usages, et par
l'effet même de la constitution moderne de la France,

porté à 127 millions, surpassera cette évacuation. Avec une pareille perspective, basée sur

---

qui exige une propriété foncière pour être électeur, une autre pour être comptable, etc., presque tous ces salariés et serviteurs du gouvernement, sont en même temps propriétaires fonciers, en sorte que la surcharge de la contribution ne sauroit rendre leur paiement bien difficile, puisqu'ils ne font que restituer d'une main au percepteur des contributions, partie de ce qu'ils ont touché de l'autre main du trésor public, pour appointemens ou salaires.

Enfin, la contribution foncière, comme l'observe fort bien le ministre, grève beaucoup de contribuables moins parce qu'elle seroit disproportionnée aux facultés de tous, que parce qu'elle est inégalement répartie. Cette observation est non-seulement fondée en fait, mais on pourroit la déduire d'un autre fait notoire que voici : Le montant de la contribution foncière actuelle, non compris les 50 centimes additionels, ne s'élève qu'à 171 millions, et avec les 50 centimes elle ne forme que 256 millions. L'assemblée constituante l'avoit fixée à 240 millions, il y a vingt-cinq ans, et, d'après cette fixation, on croyoit généralement qu'elle n'excédoit pas le cinquième du revenu net. Or, depuis ce temps, la valeur du revenu net des propriétaires a énormément augmenté par l'amélioration de la culture, par la division et l'arrondissement de beaucoup de propriétés, par toutes les améliorations, en un mot, que le nouvel ordre des choses a permis d'introduire dans

des faits et des calculs que tout le monde peut vérifier, il suffit que le gouvernement et la chambre des députés, exécutent avec fermeté les principes d'économie et de crédit public si bien développés dans le budjet et dans les rapports de la commission des finances, pour que le ministre des finances, chargé de la négociation de l'emprunt, ne soit aucunement embarrassé à trouver des prêteurs.

Jusqu'ici, nous n'avons examiné que la situation purement financière de la France, telle qu'elle se présente en lisant le budjet, et les rapports avec les comptes et documens officiels qui y sont annexés, telle enfin qu'on pourroit la trouver sans sortir du cabinet du ministre des finances, ou du bureau du chef de la comptabilité de la trésorerie. Pour assurer davantage les résultats favorables qu'elle présente sous ce rapport, nous allons ajouter quelques considérations d'un ordre plus élevé, puisées dans la position particulière où se trouve

---

l'industrie agricole aussi bien que dans les autres branches d'industrie. D'après cette donnée, l'impôt foncier actuel seroit bien loin d'être exorbitant, et son inégale répartition deviendroit par là moins sensible pour celui qu'elle concerne.

la masse des contribuables françois sous le rapport de leurs facultés industrielles, d'où dé-
pendent essentiellement leurs facultés produc-
trices et contributives.

Vingt-cinq années de révolutions et de
guerre non interrompue ont à la vérité dé-
pouillé la France de milliards de capitaux et de
richesses mobiliaires accumulées en tout genre,
qui ont été dépensées et détruites à jamais.
Mais comme il n'y a jamais de mal sans quelque
bien, il en est resté, comme cela arrive après
toutes les révolutions et grandes commotions
politiques, après les guerres civiles même, chez
cette nation naturellement vive, spirituelle et
industrieuse, une énergie et une activité qu'on
chercheroit inutilement chez aucun autre peuple de la terre. Elle se trouve surtout dans la
génération actuelle, c'est-à-dire, chez les jeunes
gens et les hommes faits dont les facultés physiques et intellectuelles, l'esprit et la volonté
sont dans toute leur force. Ils en sont dévorés.

Jusqu'ici cette activité s'étoit principalement
exercée au dehors, le chef du gouvernement,
aidé par les circonstances, l'ayant dirigée exclusivement vers la guerre. Ne pouvant plus prendre cette direction fatale, elle est forcée de se
replier sur l'intérieur et de se diriger vers les

diverses branches de l'industrie ; et elle prend cette nouvelle direction, s'y applique et s'y développe avec d'autant plus de facilité et de succès , qu'elle ne rencontre plus sur son chemin les entraves et les obstacles de tout genre que l'ancien régime opposoit au développement de tous les genres d'industrie, et que la révolution a élagués à jamais en faisant table rase. Le cultivateur industrieux ne trouve plus ni dîmes, ni droits féodaux; l'artisan industrieux ne rencontre plus de maîtrises et jurandes; le commerçant industrieux ne se trouve plus gêné par les monopoles; tous sont exempts de la gêne des douanes intérieures, leurs propriétés quelconques sont soumises à l'égalité proportionnelle de l'impôt, et tous sont admissibles à tous les emplois. A la faculté d'acquérir en développant leur industrie, ils réunissent donc l'avantage de jouir avec considération de tout ce qu'ils ont acquis.

Sous ce rapport seul, la nation françoise est donc déjà dans un état essentiellement progressif, mais elle l'est encore davantage en ce qu'étant au bas de l'échelle et ayant tous les moyens et la volonté de s'élever, elle ne peut ni rétrograder, ni rester stationnaire. Ajoutez à cela l'avantage inappréciable qu'elle a sur l'Angleterre, de ne pas avoir eu le temps ni les moyens de donner à son industrie la fausse direction que la guerre lui a donnée dans le premier pays, et qui cause tous les troubles, tout le malaise que plusieurs classes d'industrieux y éprouvent.

La seule chose qui manque à la France, pour que l'industrie de tout genre y prenne les développemens dont sa position et le caractère de ses habitans la rendent susceptible, ce sont des capitaux. Mais que le gouvernement persiste dans les principes d'économie et de crédit public qu'il vient de proclamer solennellement, qu'il les mette en exécution, et les capitaux ne manqueront pas long-temps; ils viendront de toute part, attirés par le taux de l'intérêt, lorsque celui-ci sera dégagé de la prime d'assurance qu'y ajoutent l'instabilité des lois et mesures financières, et plus que tout, le manque aux engagemens pris envers les créanciers de l'Etat. Le bas prix seul des terres, prix incontestablement inférieur à celui qu'elles ont dans la plupart des autres pays de l'Europe, et notamment en Angleterre, feroit entrer en France, en ce moment même, des capitaux considérables, si le droit d'aubaine étoit généralement aboli, sans faire attention s'il existe chez les autres nations ou non. La nécessité de la réciprocité qu'on objecte à cet égard, ne dit absolument rien, ce seroit une bonne raison si, au lieu de faire des lois pour soi, il s'agissoit d'en faire pour les autres. Si le droit d'aubaine est bon en lui-même, il faut l'établir, qu'il existe chez les Anglois, ou non; s'il ne vaut rien, il faut l'abolir quand même ce seroit une loi fondamentale chez tous les peuples de la chrétienté.

Ces capitaux étrangers afflueroient avec abondance, si l'on changeoit les droits de douanes en de simples droits de consommation, de manière que cette administration, qui a aujourd'hui une foule d'autres attributions qui, loin de favoriser l'industrie nationale, la gênent et lui sont nuisibles, rentrât dans la catégorie de toutes les autres, chargées d'une branche quelconque du revenu public.

SUR LE BUDJET DE 1817.

———

J'ai cru devoir prendre pour base de mes observations, sur cet important objet, le projet de loi sur les finances amendé par la Commission, avec les deux rapports qui l'accompagnent, l'un de M. Roy, sur les dépenses, et l'autre de M. le comte Beugnot, sur les recettes, ou les voies et moyens pour faire face aux premières. Les deux rapports sont, à mon avis, des modèles d'ordre, de simplicité et de clarté. De même que le rapport du ministre, dont ils présentent en quelque sorte une récapitulation raisonnée, ils sont rédigés dans les meilleurs principes, et sans doute c'est à l'empire des circonstances qu'il faut s'en prendre de ce que les mesures d'exécution proposées ne répondent pas toujours aux principes. En voyant comment les principes cèdent parfois à des considérans plus ou moins faibles qui amènent un dispositif auquel on ne s'attendoit nullement d'après le préambule, on se rappelle involontairement et à regret le pas-

sage de l'Évangile : *Jugez-les par leurs paroles
et non par leurs œuvres.*

Le titre seul de la collection dont ce travail
fait partie (1), suffit pour faire présumer au
lecteur qu'il ne trouvera pas ici une récapitulation détaillée de tous les articles, soit de dépense, soit de recette, qui composent l'ensemble du budjet. Je me bornerai à lui présenter quelques observations sur les dispositions les plus essentielles du projet de loi, et
sur les motifs allégués à l'appui, soit par le
ministre, soit par les rapporteurs, en supposant partout qu'il a le projet et les rapports
sous les yeux. Pour éviter le désagrément des
redites, je demande d'avance la permission de
renvoyer à mon premier écrit sur les finances
(dont celui-ci n'est que la suite) pour tout ce
qui regarde les principes généraux du crédit
public et du système des emprunts qu'on y
trouve amplement développés.

PREMIÈRE PARTIE.

Rapport de M. Roy sur les dépenses.

« Et quelles circonstances furent jamais plus

---

(1) L'industrie littéraire et scientifique, avec l'industrie commerciale et manufacturière.

» favorables pour opérer des réformes et des
» économies? Elles sont appelées par l'opi-
» nion publique; elles sont commandées par
» la nécessité; elles sont dans la volonté de ce
» prince, l'objet de notre amour, l'exemple
» de toutes les vertus, qui s'impose à lui-
» même tant de sacrifices, et qui par là ne
» permet aucun murmure à ceux de qui l'in-
» térêt public pourroit en exiger ».

C'est ainsi que M. le rapporteur s'exprime à
la fin de son rapport. Après cette péroraison
énergique, conforme à la justice et à la raison,
on est d'abord bien surpris de trouver en
dernier résultat qu'une demande d'un milliard
et 88 millions pour les dépenses de 1817, n'a
éprouvé, après toutes les recherches et discussions contradictoires qu'elle a subies, qu'une
réduction de 30 millions, ou un trentième environ de la totalité.

Observons pourtant que dans la demande
totale sont compris : 1°. 430 millions de dépenses extraordinaires pour contributions de
guerre, entretien des troupes étrangères, et
soldes exigibles des années précédentes; 2°. 157
millions pour arrérages de la dette publique et
le fonds d'amortissement, tous objets qu'il faut
payer intégralement, et sur lesquels il n'y avoit

rien à retrancher. Cette déduction faite, il reste 450 millions environ de dépenses ordinaires du service, dont la Commission propose de retrancher 30 millions, ce qui donne pour résultat une économie d'un quinzième.

Et c'est non-seulement la quotité de la dépense *ordinaire*, portée, par le projet ministériel, à environ 500 millions, et réduite, par la Commission, à 473 (non compris les 157 millions pour charges du fonds consolidé), qui a éveillé l'attention du public, mais aussi la nature d'une partie de ces dépenses. Deux *items*, surtout, ont d'autant plus effrayé la multitude des payans (car les parties prenantes ne s'effrayent de rien), qu'il y a à craindre, si l'on n'y prend garde, que le montant de ces deux demandes, loin de diminuer, augmente avec chaque nouveau budjet. Je veux parler des 212 millions demandés pour la guerre, et des 50 millions demandés pour la marine.

D'abord, quant à la guerre, 212 millions demandés par le ministère, et même 196 millions accordés par la commission pour les dépenses ordinaires de ce département, lorsque non-seulement la France est en pleine paix, mais lorsqu'il n'y a pas de crainte raisonnable d'une guerre prochaine, sont bien faits pour exciter l'étonnement même de ceux qui n'ont pas eu sous les yeux les comptes détaillés présentés à l'appui de cette demande. Et notez bien que dans ces 212 ou 196 millions ne sont pas compris 5 millions de pensions militaires payées par le trésor public, et 5 autres millions pour l'entretien des places fortes occupées par les troupes étrangères, qui sont rejetés parmi les dépenses extraordinaires.

En vain, répondroit-on, que dans ces 212 millions sont compris 64 millions pour soldes de retraite, et demi-soldes, en sorte qu'il ne resteroit que 148 millions environ pour l'armée active qui comprend l'artillerie, le génie, les fortifications, etc. Mais l'armée active, pour exiger 148 millions de dépense, devroit être au moins de 148 mille hommes, et cependant on s'accorde à la croire au dessous de la moitié de ce nombre (1).

____

(1) De tous les temps et sous tous les régimes, le ministère de la guerre a toujours été peu économe, ou plutôt essentiellement dépensier, et ce sont des causes morales plutôt que des causes matérielles ou de comptabilité, qui ont jusqu'ici produit et produiront encore ce fâcheux mais incontestable résultat.

La principale cause, la plus difficile à affoiblir, est la nature même de la dépense de ce ministère. Ce sont des

Voilà ce que disent le raisonnement et le calcul appliqué à des données connues, et sur-

---

milliers, que dis-je? des dixaines et centaines de milliers d'individus qu'il s'agit de loger, nourrir, habiller, chausser, chauffer et éclairer. Chaque centime d'augmentation par individu, s'il s'agit de la solde, chaque demi-franc de renchérissement sur un article du matériel, fait de suite une somme considérable, et le ministre, qui a à surveiller toute cette menue dépense et la comptabilité y relative, se trouve sous ce rapport dans le cas d'un intendant qui seroit chargé de pourvoir de la même manière à l'entretien de tous, ou d'une partie seulement des habitans de Paris, distribués par quartier, arrondissement et ménages, au lieu de divisions, régimens, compagnies et escouades ; une économie sur les allumettes feroit alors un *item* qui ne seroit pas à dédaigner.

Ce qui augmente prodigieusement les effets de la moindre prodigalité ou négligence dans cette partie, c'est que le centime pour le soldat, demande 5 centimes pour l'officier, 10 pour le capitaine, 50 pour le colonel, et des francs pour le général. Or, dans tous les temps, le nombre de ces chefs a été beaucoup plus considérable à proportion en France qu'ailleurs, ce qui a fait dire à un écrivain prussien qu'en parcourant un ancien état militaire de la France, on y trouvoit plus d'officiers généraux que Frédéric-le-Grand n'avoit de sergens-majors dans son armée lors de la guerre de Silésie. C'est bien pis depuis le gouvernement de Bonaparte qui sacrifioit tout à la guerre, et qui nous a laissé

tout à des données comparatives, et de là résulte une présomption assez naturelle contre
les 212, et même contre les 196 millions, considérés comme *minimum* indispensable de la dépense de la guerre. D'après ces données comparatives, alléguées par le rapporteur lui-
même, il est probable que la commission ne s'en
seroit pas même tenue à ce *minimum*, et qu'elle
auroit trouvé à retrancher plus de 16 millions
sur les 212 demandés, si l'on n'avoit pas
encore l'esprit trop pénétré des principes
d'une administration dont il ne devroit rester
aujourd'hui aucun vestige. C'est de l'école de
Bonaparte qu'est sorti ce système qui divise
toute la nation en deux parts; dans l'une sont
les industrieux et les producteurs, et tout leur

---

une armée d'officiers et de généraux, auxquels se sont
joints en dernier lieu beaucoup de ceux de l'ancien régime avec les grades que leur assuroit l'ancienneté de
brevet. Dans cette position, le caractère personnel de
fermeté et d'économie dans le ministre, ne suffit pas
pour résister aux demandes nombreuses et journalières
de placemens, d'avancemens en grades, de gratifications; et pour arrêter ainsi l'accroissement de dépense
qui en résulte, il faudroit que le même esprit animât
tous les chefs de division et de bureau de cette administration compliquée.

travail et toute leur industrie sont employés à fournir l'entretien et des moyens de destruction à l'autre moitié, composée de consommateurs et de destructeurs. Ceux-ci ont seuls la gloire, les honneurs et les profits; les autres sont à leurs yeux d'une classe inférieure. Ce ne peut être qu'un pareil esprit, absolument contraire à celui du siècle, qui fasse subordonner, sacrifier tout aux dépenses de la guerre.

Combien doit-il être pénible pour les hommes éclairés, amis de leur pays et de l'humanité, d'entendre des orateurs qui s'efforcent d'augmenter encore cette malheureuse difficulté en proposant d'étendre cette dépense improductive, au lieu de chercher à la restreindre par tous les moyens qui sont en leur pouvoir. Quand les troupes étrangères auront quitté notre territoire, dit-on, la France ne pourra plus se contenter d'une armée de 60 mille hommes, il faut qu'elle recouvre sa dignité, son rang parmi les nations. Comme s'il y avoit de la dignité à se ruiner pour entretenir inutilement une armée nombreuse, avec des état-majors et tout leur attirail dispendieux!!! Je dis *inutilement*; car d'une part la position respective des grandes puissances continentales de l'Europe, et leurs rapports politiques entre elles et avec la France nous présentent une certitude morale que, d'ici à bien des années, nous n'aurons pas de guerre, et par conséquent nul besoin d'une grande force armée plus coûteuse que respectable. Et d'un autre autre côté, si contre toute attente il en falloit une pour défendre notre indépendance, ou l'honneur national (car j'espère que les guerres et les alliances offensives sont proscrites à jamais), le gouvernement trouveroit au premier appel, non pas cent ou deux cent mille hommes, mais un demi-million de citoyens armés volant à la défense de la patrie. Les orateurs, qui conseillent ces précautions inutiles et dispendieuses, paroissent avoir oublié les efforts couronnés de succès que la nation françoise a faits au commencement de la révolution, lorsque, sous le rapport du personnel aussi bien que du matériel, nous étions bien moins préparés pour la guerre qu'aujourd'hui. En ce moment même, la ville de Paris seule fourniroit au besoin une armée bien disciplinée avec un état-major complet. C'est la passion de la liberté, dira-t-on, qui a produit ces efforts et ces résultats! Et la passion de l'indépendance nationale, la conservation des propriétés, des fruits, de l'industrie et du travail, n'en feroit-elle pas autant? Un royaume bien moins peuplé, nous en a fourni la preuve. Quels efforts couronnés de succès n'a pas faits tout récemment la Prusse, pour recouvrer son indépendance, lorsqu'elle étoit affoiblie par une longue suite de revers, et son térritoire à une seule province près, occupé par une armée ennemie, qui jusque-là avoit été victorieuse. Et l'on attendroit moins des françois ! L'existence seule de la garde nationale, rend cette supposition inadmissible.

Dans cette position de la France aussi bien que de l'Europe entière, dont les peuples commencent à être las de la guerre, de la dépense qu'elle occasionne et des maux qu'elle entraîne, c'est vers l'industrie, vers l'économie et l'ordre, que le gouvernement et les chambres doivent diriger tous les esprits, il faut qu'un ministre de la guerre, au lieu de déclarer qu'il a dépensé 34 millions au delà de ce qui lui avoit été alloué par le budjet, vienne désormais annoncer qu'il reste un excédent pour lequel il n'a pas trouvé d'emploi (1).

---

(1) A côté de ces causes générales de la dépense excessive du département de la guerre, et de son accroissement annuel, les causes particulières, attachées à telle ou telle nature de dépenses, sont si peu de chose,

Si 196 millions pour les dépenses ordinaires de la guerre paroissent un *minimum* im-

---

qu'elles ne valent presque pas la peine d'être discutées.
Une seule mérite d'être indiquée, parce que, outre l'é-
conomie assez considérable qui en résulteroit pour le
trésor public, la moralité des agens du gouvernement
gagneroit à sa disparition et par le fait, et plus encore
dans l'opinion publique.

Le service des vivres, celui de l'habillement et autres objets qui regardent le matériel de l'armée, se fait
assez généralement par des fournisseurs qui, ayant été
pendant long-temps très-mal payés, ont fini par exiger
des avances pour une bonne partie de la fourniture à
faire, sauf à compter après. Cela entraîne nécessairement des liquidations plus ou moins longues et pénibles, avec des arriérés qui enchevêtrent la comptabilité,
nuisent au crédit du gouvernement, et augmentent singulièrement la dépense.

En Angleterre, ces liquidations et ces arriérés sont
absolument inconnus. Lorsque le gouvernement a besoin de denrées, effets ou marchandises quelconques,
il contracte au rabais avec le commerce, comme le feroit un armateur ou négociant ordinaire. Le contrat conclu, les fournisseurs déposent les denrées ou marchandises achetées dans les magasins qui leur sont indiqués,
et y reçoivent des garde-magasins des bons, tels que
les billets de marine (*navy bills*) ou autres, payables
par la trésorerie, à des échéances convenues et portant
intérêt. Les fournisseurs se trouvent ainsi payés au moment même de la livraison, l'administration n'a plus à

possible à justifier, les 5o millions, demandés pour la marine, n'ont pas moins lieu de surprendre, lorsqu'on fait attention aux circonstances particulières dans lesquelles se trouve la France sous ce rapport.

D'abord, et grâces à Dieu, nous n'avons plus de colonies à protéger qui vaillent la peine de la dépense, si toutefois il y en a jamais eu de telles, en y comprenant même Saint-Domingue : car il ne faut pas perdre de vue que le sucre et toutes les denrées que fournissent les colonies à la métropole, ne lui sont aucunement données *gratis*, mais que celle-ci est obligée de leur envoyer d'autres denrées et marchandises en échange, en sorte que tout l'avantage qu'elle en retire se réduit à la diffé-

---

faire qu'à un garde-magasin comptable et chargé de la manutention, et il ne peut jamais y être question ni de liquidation ni d'arriéré. L'exposé sommaire de ce mode de fourniture adopté en Angleterre depuis un temps immémorial, suffit pour en faire sentir les avantages. En l'adoptant en France, le gouvernement parviendroit bientôt à échanger les fournisseurs qu'il a eus jusqu'ici, et dont les noms souvent échappent à toutes les recherches qu'on feroit dans l'*Almanach des adresses*, contre des commerçans connus, offrant la double garantie de la moralité et de la solvabilité.

rence entre le prix auquel ses colonies lui vendent ces denrées, et celui auquel elle les auroit des colonies étrangères. Or, cette différence est en général peu de chose en comparaison de ce que coûte la moindre marine militaire nécessaire pour protéger ce monopole réciproque; c'est même une chose connue en Angleterre, que, grâces à son système colonial, qui s'oppose à l'introduction du sucre de l'Inde, les Anglois payent, pour celui que leur fournit la Jamaïque, 2 millions sterling par an, ou l'équivalent de toute la taxe territoriale, de plus qu'il ne leur en coûteroit s'ils permettoient l'impórtation du sucre de Bengale.

Mais pourquoi, dira-t-on, l'Angleterre maintient-elle toujours son système colonial, s'il est si peu profitable?

C'est que le gouvernement, ou plutôt le ministère anglois, a un grand intérêt au maintien de ce système, en ce qu'outre les places considérables et lucratives à donner dans les colonies, il exerce une influence prodigieuse sur les armateurs, commerçans et manufacturiers intéressés à ce commerce, sur les colons qui résident dans la métropole, etc. Ce sont autant de stations de plus pour la marine royale.

De plus, et ce motif est le seul qui soit natio-

nal, l'Angleterre ne peut conserver son indépendance, son existence comme nation et comme
puissance, qu'autant qu'elle entretiendra constamment une marine militaire non-seulement
égale, mais prépondérante à celle de chacune
des autres puissances, prises isolément. Sans
la supériorité de sa marine, l'Angleterre auroit
déjà été envahie et conquise plus d'une fois par
Philippe II, par Louis XIV, et naguère encore
par Bonaparte. Ce sont ses murailles de bois
qui l'ont mise à l'abri. La nation angloise et son
gouvernement doivent donc recourir à tous les
expédiens qui peuvent contribuer à entretenir
cette supériorité relative, quelque dispendieux
qu'ils soient, quelque nuisibles même qu'ils
puissent être à son commerce et aux progrès
de la richesse nationale. De là la défense de
transporter le charbon de terre autrement que
par mer, ce qui renchérit d'autant ce combus-
tible si nécessaire aux chauffages, aux mines,
aux pompes à feu et à une foule d'établissemens d'industrie ; de là l'acte entier de navigation et beaucoup d'autres règlemens qui ne
tendent qu'à renchérir le fret au préjudice du
commerce, dans l'intérêt duquel on croit mal
à propos qu'ils sont faits ; de là aussi le système
colonial.

La France, heureusement, a des garanties bien moins précaires de son indépendance, une population propre à la guerre, répandue sur un territoire étendu, et qui, étant unie entre elle, n'a pas même à craindre le danger d'une invasion un peu durable. C'est dans l'intérieur, dans la force armée composée de ses citoyens soldats qu'elle doit trouver sa défense, et sous ce rapport, on a vu plus haut qu'elle n'avoit rien à désirer. Vouloir créer une marine militaire considérable pour le même but, ce seroit s'affoiblir inutilement et s'exposer même à le manquer.

Ces efforts mal dirigés, et cette dépense mal employée, auroient un autre résultat fâcheux, celui de mettre les colonies et les capitaux qu'on y emploieroit de nouveau à la merci de nos voisins, à la première guerre qui éclateroit. Tout fait présumer que cela n'arriveroit pas de sitôt; mais si cela arrivoit contre toute attente, nous serions probablement aussi embarrassés avec nos colonies aux Antilles et nos escadres en mer, que les Anglois le seroient avec leurs colonies sur le continent Européen.

Reste la raison bannale de notre commerce maritime, qui, pour être protégé, dit-on, demande une marine militaire. Mais d'abord la

France a un tel besoin de capitaux et d'industrie dans l'intérieur, qu'à moins de favoriser
mal à propos par des règlemens prohibitifs le
commerce maritime et extérieur, il ne se trouvera pas beaucoup de capitaux à y employer;
et quand le contraire arriveroit contre toute
attente, je demande contre qui on veut que
nous protégions ce commerce rétabli à grands
frais ? Si c'est contre les barbaresques, contre
les pirates, ou même contre les attaques des
petites puissances maritimes, il ne nous faudra
pas une marine militaire bien considérable pour
atteindre ce but. Si c'est contre l'Angleterre,
nos efforts, d'ici à long-temps, seront absolument impuissans. En vain, voudroit-on se
dissimuler cette position; c'est un fait, et l'on
a tort de se fâcher contre les faits, car cela ne
leur fait absolument rien. Heureusement il n'est
nullement dans l'intérêt bien entendu de l'Angleterre de nous chercher querelle, sur mer
surtout, où elle n'a aucune conquête et à peine
la prise de quelques vaisseaux marchands à
espérer. La position et les rapports politiques
de l'Angleterre, à l'égard des autres puissances
continentales, ont subi trop de changemens
pour que l'ancienne rivalité entre elle et la
France puisse subsister encore; elle seroit trop

mal entendue, et sous le rapport politique et sous celui de l'intérêt commercial.

Pour dernier argument en faveur de la dépense demandée de 5o millions, on allègue la nécessité de retirer de son dépérissement un établissement aussi magnifique, que l'étoit autrefois la marine françoise. Si par là on entend qu'il faut ne pas laisser dépérir les ports, les arsenaux, les chantiers, les magasins, les élémens nécessaires pour recréer une marine au besoin ; qu'il convient d'entretenir un certain nombre de vaisseaux pour protéger nos côtes et notre navigation dans la Méditerranée contre les pirates, pour exercer les officiers et matelots réservés pour les cadres, aucun homme sensé ne se refusera à cette dépense ; mais de là à 5o millions il y a loin.

Cet argument, tiré de la nécessité de faire revivre un établissement superbe qui existoit autrefois, mais qui aujourd'hui ne présente plus la même nécessité, les mêmes avantages ; qui ne peut même plus servir au but pour lequel il avoit été formé, ressemble à celui que les architectes de nos jours allèguent pour engager le gouvernement à dépenser annuellement des millions, afin de reproduire le siècle des monumens et des palais. Cette magnificence qui, plus que toute autre chose, a ruiné les finances sous Louis XIV et amené la banqueroute de Laws, n'a pas besoin d'être encouragée, elle ne viendra que trop tôt peut-être pour arrêter les progrès des arts bons et utiles, les constructions d'habitations saines et commodes, l'industrie, enfin, qui profite au grand nombre, en lui procurant les aisances et les commodités de la vie. Dès qu'on visera essentiellement là, les dépenses improductives disparoîtront d'elles-mêmes, et les budjets annuels seront, ce qu'ils devroient toujours être, le sujet des éloges et non des critiques de la nation.

DEUXIÈME PARTIE.

Recettes ou voies et moyens.

LE principal mérite d'un budjet, dans la position financière où se trouve la France, c'est qu'il soit basé sur l'économie pour la partie des dépenses, et sur le crédit public pour celle des recettes. Dans toute autre circonstance, le choix des impôts, considérés dans leurs rapports avec l'industrie et les capitaux, formeroit un des élémens les plus importans à discuter;

màis l'urgence dès besoins est telle, qu'on est obligé malgré soi de prendre les impôts tels qu'ils existent, sauf à les rectifier dans des mo-mens plus heurçux.

En analysant la partie des dépenses, nous avons vu avec regret que le rapport de la commission, basé sur les meilleurs principes, prê-chant à chaque page, pour ainsi dire, l'écono-mie et l'ordre, ne donnoit cependant pour résultat final qu'une réduction de moins de 3o millions sur la totalité des dépenses, et ce qui est pis, 16 millions seulement sur la demande énorme de 212 millions pour les dépenses *ordi-naires* du département de la guerre, en pleine paix et avec la perspective de la conserver.

En analysant la partie des recettes, nous verrons également avec regret que les prin-cipes du crédit public, que le rapporteur aussi bien que le ministre se font une gloire de pro-fesser dans tout le cours de leurs rapports, n'ont pas reçu à beaucoup près dans le projet de loi (quoique amendé) l'application que l'on s'attendoit d'autant plus à y trouver, qu'elle ne paroissoit ni bien difficile à imaginer, ni très-dispendieuse dans l'éxécution. Sans doute, le projet de loi actuel, amendé par la commis-sion, est sous ce rapport infiniment supérieur à celui qui a été adopté l'année dernière ; mais, en faisant de pareils rapprochemens, un budjet essentiellement mauvais pourroit encore être regardé comme excellent par comparaison.

D'abord, le budjet actuel est annoncé comme basé essentiellement sur le crédit public ; la majeure partie même de ses dispositions est conforme aux principes développés dans le discours du ministre et dans le rapport de la commission. Un revenu particulier et suffisant est affecté à la dette publique, dont le budjet est même séparé de celui des différens ministères. La dotation de la caisse d'amortissement est portée à 40 millions, et, au lieu de 150 mille hectares de bois dont le produit devoit être mis à sa disposition, on lui transfère, à environ un dixième près, la propriété de tout ce qui reste des bois nationaux. Enfin, on met à la disposition du ministre 30 millions de rentes, pour acquitter, par la voie d'un emprunt public et régulier, les dépenses extraordinaires que les recettes ordinaires ne peuvent couvrir.

Voilà certes bien des dispositions qui annoncent un budjet basé sur le crédit public ; considéré sous ce point de vue, il feroit époque dans les annales financières de la monarchie, s'il n'avoit pas eu pour précurseur le budjet de 1814, qui, au mérite d'une plus grande économie relative dans les dépenses, joignoit celui de ne pas présenter une seule disposition contraire aux principes de crédit public qui avoient dicté l'ensemble.

Comment se fait-il qu'au milieu de toutes ces excellentes dispositions en faveur du crédit public, on en trouve une qui, après avoir pourvu au paiement intégral des créanciers étrangers, renvoie, pour ce même paiement, les créanciers nationaux à l'année 1821, où ils ne commenceront encore à être payés intégralement que par cinquième, en sorte qu'elle fait perdre 40 pour cent sur le montant de leurs créances à tous ceux qui ne peuvent attendre huit ans au terme moyen, pour être payés en numéraire ou en rentes au cours? Ce disparate choquant ne présente-t-il pas l'image d'un bel habit neuf, avec une pièce au coude?

M. le rapporteur ne pouvant se dissimuler cette bigarrure, cherche à l'excuser en alléguant, d'une part, l'impossibilité de payer les créanciers en numéraire, et d'un autre côté, a dépréciation que le cours des inscriptions auroit éprouvée si l'on avoit payé les créanciers en rentes au cours; ce qui, pour revenir à l'i-

mage ci-dessus, voudroit dire que s'il y a réellement une pièce au coude de l'habit neuf,
c'est qu'il n'y avoit pas assez de drap pour
qu'on fît autrement.

Je pourrois d'abord répondre que les certificats négociables qu'on propose de donner
aux créanciers, avec 5 pour cent d'intérêt,
étant portés par eux sur la place, y concour-
ront nécessairement avec les rentes anciennes,
et les déprécieront, à peu de chose près, autant
que le feroient les paiemens en rentes au cours.
Mais pour payer intégralement les créanciers,
il n'est aucunement nécessaire de les payer,
soit en numéraire, soit en rentes au cours; il
suffit d'allouer aux certificats donnés en paiement un intérêt qui les mette au pair avec l'argent, ainsi que l'avoit fait le ministre de 1814
pour les obligations du trésor. En adoptant ce
mode, si naturel et si simple, non-seulement
les créanciers de l'arriéré se trouveroient intégralement payés, mais il n'en coûteroit au trésor public guère plus qu'il ne lui en coûtera
d'après le mode proposé par le budjet.

En effet, le cours des inscriptions étant à
60 lorsqu'elles ne rapportent que 5 pour cent,
on peut regarder comme un paiement intégral,
un certificat négociable qui rapporteroit 8 pour

cent, surtout si la caisse d'amortissement employoit une partie proportionnelle de ses fonds à racheter journellement ceux qui seroient offerts au-dessous du pair sur la place.

D'un autre côté, les 400 millions, en les supposant tous liquidés dans le courant de 1817, et payés en certificats portant 5 pour cent d'intérêt, coûteroient, depuis 1818 jusqu'en 1823, terme moyen du remboursement total par cinquième, 20 millions par an. En leur allouant 8 pour cent pour paiement intégral, il en coûteroit 32 millions, ou 12 millions de plus par an jusqu'au remboursement final, c'est-à-dire, pendant six ans au terme moyen.

Mais cette supposition de la liquidation totale, en une année, est inadmissible, et c'est accorder beaucoup que d'en porter le terme moyen à trois ans. Dans cette hypothèse, et en considération de la quantité de certificats que le rachat journalier enleveroit sur la place, il est aisé de voir que la différence à la charge du trésor public ne s'éleveroit pas à 6 millions par an, et cela pendant six années seulement.

Toute l'économie que promet donc cette lésinerie, car c'en est une, s'élève au plus à 6 millions par an pendant six ans. Je demande maintenant si c'est la peine de souiller toute

cette partie du budjet et du rapport, en sanc-
tionnant cette espèce de banqueroute partielle
faite aux créanciers nationaux ? La majeure
partie de mon premier écrit sur les finances
ayant été consacrée à prouver l'injustice et l'immoralité de cette mesure, je me suis contenté
de démontrer, par un calcul très simple, combien peu elle seroit profitable au trésor public
sous le rapport pécuniaire.

Dans ce même écrit, qui contient implicite-
ment une grande partie de la théorie des emprunts publics, j'ai fait voir les vices du remboursement des créanciers par séries, qu'on
reproduit ici. Par cette mesure, on risque de
rembourser ceux qui ne le demandent pas, au
lieu que par la voie du rachat au cours, on est
sûr de ne rembourser que les plus pressés, et
ceux qui sont dans le besoin.

Passant maintenant de suite à l'emprunt,
dont le succès est intimement lié au crédit public, je ne puis, *comme écrivain*, approuver la
disposition générale qui, d'une part, autorise
le ministre d'emprunter, jusqu'à concurrence
de 3oo millions, contre des rentes, tandis
que, d'un autre côté, on assigne à la caisse d'a-
mortissement 4o millions par an avec le produit de la vente des bois nationaux, pour amor-

tir la dette en rachetant des rentes sur la place, parmi lesquelles peuvent se trouver celles-là même qui ont été inscrites par suite de l'emprunt. Il est évident qu'il seroit plus simple à la fois et plus économique, d'employer ces mêmes fonds assignés à la caisse d'amortissement, à acquitter une portion de la dette exigible, ce qui dispenseroit le ministre d'emprunter, d'une part, et la caisse d'amortissement de rembourser, de l'autre, la même somme dans la même année. Cette année-ci, par exemple, on propose d'emprunter 303 millions, parce qu'il y a 40 millions de pris sur les recettes, qui sont affectés à la caisse d'amortissement; sans cela on n'auroit besoin que d'emprunter 263 millions; il y auroit proportionnellement moins de rentes inscrites au profit des prêteurs, et la caisse d'amortissement auroit proportionnellement moins de rentes à racheter. En 1818, le même raisonnement, qui est de toute évidence, sera applicable au produit de la vente des cent cinquante mille hectares de bois. C'est, comme l'a dit un écrivain, faire un second fossé pour y mettre la terre qu'on retire du premier.

En vain objecteroit-on que la caisse d'amortissement a pour elle l'intérêt composé. Ce même intérêt, le gouvernement le met contre lui en empruntant pour payer les dettes exigibles. Il y a plus; la parité, ou compensation exacte, ne se trouve pas même ici, parce que le gouvernement emprunte généralement à un taux d'intérêt plus élevé qu'il ne rachète ou rembourse.

Cette observation rentre dans le principe général si bien développé dans un des écrits qui ont paru lors de la discussion du budjet de 1814, savoir, qu'une caisse d'amortissement ne doit être établie qu'autant qu'il y a un excédent de recette sur la dépense. Chez les particuliers, l'application de ce principe ne souffre pas d'exception. Que diroit-on, en effet, d'un homme, débiteur de dettes exigibles envers son boulanger ou son tailleur, qui, au lieu d'employer les deniers qu'il a à payer, donneroit cet argent à son intendant, avec la mission de racheter sous main ses obligations non échues, ou non exigibles, qu'on offre à bas prix?

Voilà ce que doit dire l'écrivain qui, en aucun cas, ne doit s'écarter de la vérité et des principes. Comme fonctionnaire public, obligé de consulter l'opinion en attendant qu'elle s'éclaire, j'agirois autrement, je ferois comme le ministre et la Commission des finances ont fait,

je conseillerois de fonder une caisse d'amortissement, même lorsqu'elle ne peut pas remplir
efficacement son but, en attendant qu'un excédent de revenu le lui permette. C'est un le-
vier trop puissant dans l'opinion, pour qu'il soit
prudent de l'abandonner.

D'ailleurs, en mettant de côté l'amortissement ou la diminution réelle de la dette, qui
ne peut s'effectuer tant qu'il n'y a pas un excédent de la recette sur de la dépense, les ra-
chats journaliers que fait la caisse d'amortissement contribuent plus ou moins à soutenir le
cours des fonds publics, en y enlevant ce qui
est offert à bas prix. Et c'est là, comme je l'ai
déjà dit, le véritable but, ou du moins le seul
véritable avantage d'un fonds d'amortissement
quelconque, même en Angleterre, où le capital de la dette est si considérable; car l'amortissement de la dette publique fait uniquement
pour en diminuer la masse, ne devroit pas plus
exciter l'attention et la sollicitude du gouvernement que l'amortissement des dettes particulières, bien plus considérables en masse, que
les citoyens se doivent entre eux. Je prie le
lecteur de voir là-dessus mon premier écrit.

Quant à l'emprunt, j'ai montré dans le même
écrit, que tout en laissant au ministre le choix

du mode et les conditions, comme le propose la Commission, il convenoit d'insister pour qu'en aucun cas il ne fut autorisé à emprunter en détail en faisant vendre des rentes sur la place, où le gouvernement ne doit jamais se présenter comme vendeur, mais seulement comme acheteur de ses effets. Je persiste dans cette opinion, sans être aucunement convaincu par le motif qu'allègue le rapporteur, qui est le danger de circonscrire le gouvernement dans un cercle trop étroit. En s'en tenant à cette seule limite de ne pas lui permettre d'envoyer vendre des rentes au même marché où la caisse d'amortissement en envoie acheter, il lui resteroit encore assez de latitude. Nos ressources sont assez connues, et le gage offert pour le remboursement de l'emprunt est trop considérable pour qu'il soit nécessaire de laisser à la discrétion de qui que ce soit, même comme ressource au besoin, un expédient aussi dangereux et aussi funeste au crédit public. Il faut, au reste, rendre au rapporteur la justice qu'il en a parfaitement développé les inconvéniens.

Un emprunt considérable, d'ailleurs, fait par le gouvernement d'un pays tel que la France, dont les ressources et la position financière, bonne ou mauvaise, ne peuvent être un mystère pour personne, n'en sauroit non plus exiger beaucoup pour être conclu. Si une compagnie de capitalistes nationaux ou étrangers, n'importe, offre de s'en charger, il doit y en avoir nécessairement d'autres, et alors il n'y a plus à discuter que sur les conditions : or, le vrai moyen d'obtenir les meilleures possibles, eu égard à la somme requise et aux circonstances, est d'adjuger l'emprunt au rabais.

La négociation de cet emprunt présente un phénomène assez remarquable qui prouve combien la multitude, en Angleterre aussi bien qu'en France, est peu éclairée sur cette matière, combien peu elle entend ses propres intérêts.

Tandis qu'en France on se récrie sur un emprunt fait à l'étranger qui nous coûtera un intérêt ruineux avec un remboursement final supérieur au capital reçu, tous les papiers anglois jettent presque les hauts cris contre les mauvais citoyens qui, en s'intéressant à cet emprunt, envoient en France les capitaux dont selon eux l'Angleterre a tant besoin. Des deux côtés, on paroît tourmenté par la crainte que le numéraire ne sorte du pays, les Anglois craignent qu'il ne sorte en gros, les François qu'il ne sorte en détail. Je pense que, des deux côtés, on a tort. Si des particuliers anglois font passer une partie de leurs capitaux en France, c'est une preuve qu'ils ne peuvent pas les placer aussi avantageusement dans leur pays, et alors c'est un marché évidemment avantageux pour l'Angleterre. D'un autre côté, si la France emprunte des capitaux aux Anglois, c'est une preuve que les François n'en ont pas suffisamment ou qu'ils trouvent un meilleur emploi pour ceux qu'ils ont, et, dans ce cas, c'est encore une affaire avantageuse pour la France. Deviendra le précieux numéraire ce qu'il pourra; la France ni l'Angleterre n'en manqueront jamais, tant qu'elles auront des denrées ou des marchandises à échanger, ou de l'industrie et du travail pour les produire.

Quoi qu'il en soit, ce sera un grand pas de fait vers le crédit public et vers l'amélioration de tout le système des finances en France, que d'avoir enfin substitué un véritable emprunt public, auquel tout le monde peut prendre part, à ces anticipations et négociations sourdes et ruineuses pour le trésor public qui ne profitent qu'à un petit nombre de gens d'affaires, qui font leurs affaires aux dépens de celles des contribuables. A quelques conditions qu'il se fasse (et le cours même des rentes qui se soutient, fait présumer qu'elles ne seront pas très-onéreuses), la nation y aura gagné.

Je me bornerai à une seule observation; c'est que les centimes additionnels à la contribution foncière contre lesquels on se récrie tant, sont encore, dans les circonstances où l'on n'a pas le temps de choisir, le meilleur des impôts, en ce qu'il n'attaque pas les capitaux, et ne dérange essentiellement aucune des diverses branches de l'industrie.

Pour la satisfaction des contribuables qui doivent accueillir avec empressement tous les perfectionnemens en matière de finances qui tendent à éclairer la comptabilité, et à empêcher, par-là, que la profusion et le désordre n'élèvent la dépense et les contributions au delà de ce qu'elles seroient avec de l'économie et de l'ordre, je terminerai ce travail très-incomplet sur le budjet, par une esquisse du nouveau mode proposé par la commission, pour la confection des comptes à rendre annuellement par les ministres.

Jusqu'ici, ces comptes se rendoient par exercices, et chaque ministre, au lieu de présenter le compte de ce qu'il avoit réellement dépensé et consommé dans l'année, de ce qu'il avoit acquitté et de ce qu'il devoit encore, avec le montant de ce qu'il y avoit dans les caisses au commencement de l'année, et de ce qui s'y trouvoit à l'époque du compte rendu, se bornoit à présenter le compte de ce qu'il avoit ordonnancé, et de ce que le trésor avoit acquitté. C'est exactement comme si l'intendant d'un grand seigneur en présentant le compte de la gestion à son maître, lui disoit : Voilà ce que j'ai payé ; quant à ce que j'ai dépensé, vous en connoîtrez le montant quand les mémoires arriérés des fournisseurs vous seront présentés.

Cette porte, toujours ouverte aux arriérés, vient d'être heureusement fermée par le nouveau mode prescrit aux ministres, et dont je ne puis trop recommander au lecteur de lire attentivement les dispositions dans le projet de loi, et les excellens développemens qu'en a donnés le rapporteur. C'est une véritable victoire remportée sur l'anarchie financière ; si ces dispositions sont fidèlement exécutées, le résultat éclairera mieux, et surtout d'une manière plus simple et moins dispendieuse, les contribuables sur l'emploi de leur argent, que ne pourroient jamais faire toutes les discussions verbales ou écrites, tous les mémoires et rapports imaginables. Rien ne résiste à la lumière que répand nécessairement *une suite* de comptes annuels dressés d'après ce mode dont j'ai déjà un exemple sous les yeux dans le compte rendu cette année même sur la situation du trésor public. Je citerai, à ce sujet, le passage suivant, extrait du rapport de M. le Cte Beugnot.

« Nous avons essayé d'indiquer (pour les
» comptes à rendre annuellement par les mi-
» nistres) des formes simples et telles que la
» chambre puisse aisément juger des opéra-
» tions ministérielles, *que la facilité qu'y*
» *trouvera, la chambre soit partagée par le*
» *public, et qu'enfin, la nation puisse con-*
» *noître et suivre d'année en année l'état de ses*
» *affaires ; car c'est là surtout ce qui constitue*
» *l'avantage d'un gouvernement représen-*
» *tatif* ».

La nation suivra-t-elle le conseil salutaire que lui donne le rapporteur ? Tant pis pour elle si elle ne le fait pas. Il s'agit de ses plus chers intérêts, du bon emploi d'une portion considérable des fruits de son industrie et de son travail, de son aisance et de sa prospérité. Jusqu'ici, l'examen des comptes et tout ce qui tient à la partie importante des finances, a été abandonné à ceux qui s'en occupent exclusivement, et à qui on a même donné le sobriquet de *finan-*

oiers ; on oublie que c'ést l'affaire de tout le
monde, de tous ceux qui ont intérêt à ce que le
système des finances soit tel, qu'il leur reste de
quoi diner.

SUPPLÉMENT.

L'IMPRESSION de ce travail étoit déjà achevée lorsque j'ai vu, dans les derniers papiers anglois, l'état des dépenses projetées pour 1817, que lord Castlereagh vient de présenter à la chambre des communes.

La dépense totale, pour tous les services, s'élève à 18,070,000 liv. sterl., ou à environ 451 millions de francs ; non compris les charges du fonds consolidé affecté au paiement des arrérages et du fonds d'amortissement de la dette publique, objets qui ont leur fonds et leur budjet à part, comme ils vont actuellement l'avoir chez nous. Nous parlerons tout à l'heure de la liste civile qui, en Angleterre, fait également partie des charges du fonds consolidé. Les 18,070,000 liv. st. se composent comme il suit :

	liv. sterl.	francs.
Pour l'armée proprement dite .	7,050,000	176,250,000
— le commissariat.	580,000	14,500,000
— l'extraordinaire.	1,300,000	32,500,000
— l'artillerie	1,240,000	31,000,000
— la marine	6,400,000	160,000,000
— dépenses diverses. . . .	1,500.000	37,500,000
TOTAL. . . . ,	18,070,000	451,750,000

Avec ces 18 millions sterl., ou 450 millions de francs, le gouvernement anglois entretient une armée active de quatre-vingt-un mille hommes sous les armes, laissant de côté quarante cinq mille autres stationnés en France et dans l'Inde, et dont partie est à la charge de la France, et partie à celle de la compagnie des Indes. Il paie *cent mille* anciens militaires, mis à la pension ou à la demi-paie, et tout cela dans un pays où les salaires sont au moins de 50 pour cent plus chers que chez nous, et où la solde des troupes de toute arme et de tout grade est encore plus élevée en proportion. D'un autre côté, il couvre avec ses vaisseaux toutes les mers du globe, et protége à grand frais des colonies nombreuses et dispersées.

Nous n'avons pas la moitié de toutes ces dépenses à faire, et cependant nos dépenses *ordinaires*, déduction faite des charges de la dette publique, dont le budget actuel fait également un fonds à part, s'élèvent à 470 millions, en mettant de côté les 34 millions pour la liste civile du Roi et de la famille royale, cet objet n'étant pas compris non plus dans les 450 millions demandés par le gouvernement anglois pour les dépenses de 1817. En considérant l'énorme disproportion entre les dépenses réelles à pourvoir, et les prix des vivres et salaires dans les deux pays, on en tire forcément le résultat fâcheux que nous payons au moins 100 millions de plus que nous ne payerions si l'on suivoit chez nous les erremens de l'administration angloise.

Mais, dira-t-on, parmi tous les chapitres de dépenses dont vous venez de nous donner le tableau, on ne voit pas celles du ministère de l'intérieur, du ministère des affaires étrangères et du ministère de la justice; ce sont cependant des *items* assez considérables dans notre budjet; qui est-ce qui les paye en Angleterre?

Le Roi les paye de sa liste civile avec une foule d'autres dépenses composées de pensions, de *sinecures*, etc. La liste civile, proprement dite, qui défraie les dépenses personnelles du roi et de la famille royale, forme la moindre partie des 1,200,000 l. sterl. alloués, sous cette dénomination, sur le fonds consolidé (1).

---

(1) Il est vrai que les départemens ou ministères divers, qui sont payés des fonds de la liste civile en Angleterre, n'y sont pas à beaucoup près aussi dispendieux que chez nous. Le ministère de la justice, par exemple, qui, chez nous, coûte au trésor public plus de 17 millions, et qui coûte plus de 170 millions aux

En effet, les dépenses personnelles du roi d'Angleterre et de la famille qui comprennent les pensions allouées successivement aux princes et princesses du sang, et qui sont défrayées par ce qu'on y appelle mal à propos la liste civile, ne s'élèvent qu'à 56o,ooo liv. sterl., ou à environ 14 millions de francs. En France, la liste civile, affectée par la loi en entier aux mêmes dépenses, s'élève à 34 millions; et les vivres, comme nous l'avons dit, sont en Angleterre de moitié plus chers qu'en France, et l'Angleterre est dans toute sa prospérité, tandis que la France est écrasée.

L'abandon que le Roi a fait d'une partie de

contribuables, n'en coûte pas deux en Angleterre, où treize juges, divisés 'en quatre cours, parmi lesquelles celle du chancelier, jugent tous les procès civils, criminels, et pour matière de commerce, qui se présentent dans toute l'Angleterre, ne tenant que quatre sessions de quinze jours chacune par an, tandis que chez nous il y a (en y comprenant les juges des tribunaux de commerce absolument *inconnus en Angleterre*, et les juges de paix qui n'y ont aucune autorité judiciaire en matière de propriété) plus de quatre mille juges, jugeant pendant toute l'année presque sans désemparer, et n'achevant que rarement le rôle!!! Cet objet important fera la matière d'un travail particulier.

sa liste civile pour les besoins pressans de l'état, les grands actes de bienfaisance qu'il a faits avec l'autre, ne lui étoient point commandés par la loi; cette circonstance met dans tout son éclat la noblesse d'âme du monarque qui s'impose ces sacrifices volontaires; mais elle met aussi dans son jour l'imperfection d'une loi qui a besoin de tant de vertus personnelles dans le prince, pour n'être point funeste à la nation.

FIN.

De l'impr. de Celnot, rue des Grands-Augustins, n° 9.

Milton Keynes UK
Ingram Content Group UK Ltd.
UKHW030403170224
437973UK00008B/877